GR
TE

sous la direction

Récits réalistes et fantastiques

Maupassant

Notes, questionnaires et synthèses
adaptés par **Marie-Josée CHAREST**,
professeure au Cégep de la Gaspésie et des Îles

établis par **Anne-Sylvie SCHWARTZ**,
professeure certifiée de Lettres modernes
au lycée Richelieu de Rueil-Malmaison (92)

LES ÉDITIONS
CEC

9001, boul. Louis-H.-La Fontaine, Anjou (Québec) Canada H1J 2C5
Téléphone: 514-351-6010 • Télécopieur: 514-351-3534

Direction de l'édition
Isabelle Marquis

Direction de la production
Danielle Latendresse

Direction de la coordination
Rodolphe Courcy

**Charge de projet et
révision linguistique**
Nicole Lapierre-Vincent

Correction d'épreuves
Marie Théorêt

Conception et réalisation graphique
Girafe & associés

Illustration de la couverture
François Thisdale

Les Éditions CEC inc. remercient le gouvernement du Québec de l'aide financière accordée à l'édition de cet ouvrage par l'entremise du Programme de crédit d'impôt pour l'édition de livres, administré par la SODEC.

Récits réalistes et fantastiques, collection *Grands Textes*

© 2011, Les Éditions CEC inc.
9001, boul. Louis-H.-La Fontaine
Anjou (Québec) H1J 2C5

Dépôt légal: 2011
Bibliothèque et Archives nationales du Québec
Bibliothèque et Archives Canada

ISBN 978-2-7617-3260-4

Imprimé au Canada
2 3 4 5 6   18 17 16 15 14

Imprimé sur papier contenant 100 %
de fibres recyclées postconsommation.

Édition originale Bibliolycée, sous le titre de : Maupassant, *Contes parisiens, normands et fantastiques.*
© Hachette Livre, 2005, 43 quai de Grenelle, 75905 Paris Cedex 15, France.
Tous droits de traduction, de reproduction et d'adaptation réservés pour tous pays.

Sommaire

Présentation 5

Maupassant, toujours actuel

Maupassant, sa vie, son œuvre 8
    Une enfance normande 8
    Une adolescence influencée par un guide bienveillant : Gustave Flaubert. 8
    Une jeunesse parisienne 9
    Dix années de gloire 10
    Une terrible déchéance 12

Description de l'époque : révolutions et progrès en France
au XIXe siècle 14
    Quelques renseignements préliminaires 14
    Le contexte socioéconomique 15
    Le contexte politique 17
    Le contexte culturel 19
        Tableau synthèse : caractéristiques du réalisme et du fantastique 22

Présentation des récits 24
    Liens avec le courant et les formes littéraires de l'époque 26
        Thèmes réalistes 28
        Thèmes fantastiques 30

Guy de Maupassant en son temps 31
    Chronologie 32

Récits réalistes et fantastiques (textes intégraux)

Un Million 39
Les Bijoux 47
La Parure 57
La Ficelle 69
Le Horla 79
La Main d'écorché 113
La Peur 121

Test de première lecture 129

L'étude des œuvres

Quelques notions de base 137
    En préliminaire : description du genre 137
        La nouvelle 137
    Tableau des principales composantes et caractéristiques de la nouvelle 138
        Le conte 140
    Tableau des principales composantes et caractéristiques
    du récit fantastique 141

L'étude des récits par extraits 143
L'étude des œuvres dans une démarche plus globale 164
Sujets d'analyse et de dissertation 167

Glossaire 171
Bibliographie 174

Le cri, **tableau d'Edvard Munch, 1893.**

PRÉSENTATION

Aux yeux d'un étudiant québécois, quel intérêt peuvent présenter les nouvelles et contes de Maupassant, datant de la seconde moitié du XIXe siècle ?

Une existence brève, une gloire fulgurante

En 1890, Maupassant fête ses quarante ans. Dix ans déjà qu'il est au sommet de la gloire ! Mais dans quelques mois il n'écrira plus ; un an après, il perdra la raison ; trois ans plus tard, il mourra.

Que de chemin parcouru pour ce jeune Normand arrivé à Paris en 1869 ! Dès le début de sa carrière littéraire, Maupassant a été encouragé, mais aussi aidé par deux amis de sa mère, le poète Louis Bouilhet et le romancier Gustave Flaubert*. Cependant, c'est sa rencontre avec Zola et le groupe des naturalistes qui marque sa destinée. En 1880, ceux-ci décident de publier un recueil collectif de nouvelles portant sur la guerre franco-prussienne de 1870, *Les soirées de Médan*. Une seule nouvelle est encensée par le public et la presse, *Boule de suif*, dont l'auteur est un jeune inconnu nommé Guy de Maupassant. Son style ferme, vif et original lui confère une gloire immédiate, qui ne se démentira pas durant les dix années qu'il lui reste à écrire.

Bien que le roman soit le genre qui s'impose à cette époque, la publication de récits brefs a permis de lancer beaucoup de carrières littéraires. En effet, la nouvelle littéraire et le conte ont connu leur essor au XIXe siècle avec des écrivains comme Mérimée et Maupassant, qui ont consacré une partie de leur carrière à explorer ces formes narratives. Les grands romanciers français de l'époque (Zola, Balzac, Flaubert, Hugo) se sont aussi prêtés à l'écriture de nouvelles et de contes. Le prestige de ces formes littéraires s'étend à toute l'Europe (Hoffmann, Pouchkine, Gogol, Tchekhov), de même qu'à l'Amérique (Melville, James, Poe). Même au Québec, où les institutions qui diffusent la littérature ne sont pas encore très développées, les journaux publient de courtes histoires, et des collectionneurs comme l'anthropologue Marius Barbeau s'emploie à recenser et à publier des légendes et des contes traditionnels québécois, tels que *La chasse-galerie*

*: *Cf.* Glossaire

d'Honoré Beaugrand, ainsi que les contes de Louis Fréchette et de son personnage omniprésent, Jos Violon. L'intérêt pour le récit court se poursuit dans les décennies suivantes par l'entremise des œuvres de Loranger, Ferron, Carrier, Tremblay, Leclerc, Thériault, Beauchemin, Caron et Croft, de même que par l'engouement du public québécois pour les soirées de contes traditionnels, remaniés au goût du jour (les contes urbains).

Maupassant est considéré comme un maître dans l'art du conte, ce type de récit ou règnent le merveilleux et le surnaturel, tout autant que dans l'art de la nouvelle, qui se définit davantage par le souci de la vraisemblance*. Ces distinctions sont toutefois récentes car, au XIXe siècle, les écrivains se souciaient peu d'établir des frontières entre ces formes narratives : Maupassant nommait « contes parisiens et normands » des récits qui seraient aujourd'hui considérés comme des nouvelles.

Le lecteur contemporain découvre dans ces récits une époque, une façon de vivre différente grâce à des personnages si bien évoqués, si bien dessinés. Par exemple, puisque cet auteur s'intéresse à la vie de couple, ses lecteurs seront en mesure de constater que les relations entre hommes et femmes ont beaucoup évolué depuis cette époque.

Maupassant écrit merveilleusement bien, dans un style vivant, jamais empesé, jamais prétentieux, avec un sens du rythme extraordinaire. D'ailleurs, la sélection de contes et de nouvelles de ce recueil donne au lecteur accès à une grande variété de registres (ou tonalités) et de thèmes qui ont intéressé Maupassant : cet ensemble de textes choisis est représentatif de l'essence même de l'art de Maupassant. Qu'il soit question de soucis financiers d'un employé, de commérages de la paysannerie ou d'angoisses métaphysiques d'un personnage aux prises avec des phénomènes surnaturels, Maupassant réussit toujours à nous toucher, parce qu'il écrit ses scènes avec une précision psychologique qui ne cesse d'étonner. En cela, Maupassant a réussi à créer des classiques du genre, et à frapper l'imaginaire tant de ses contemporains que des lecteurs d'aujourd'hui.

Maupassant, toujours actuel

**Guy
de Maupassant
par Nadar.**

Maupassant, sa vie, son œuvre

> **Faut-il connaître la vie de Maupassant pour comprendre ses contes et ses nouvelles ?**

Une enfance normande

Aristocratie

Classe noble.

Guy de Maupassant naît le 5 août 1850 à Fécamp, village maritime de la Normandie, une province située au nord de la France. Issu de l'aristocratie* locale, il est un enfant choyé. Avec son frère Hervé de six ans son cadet, il vit une enfance libre, faisant figure de petit privilégié parmi les paysans et les pêcheurs qu'il fréquente. En 1859, on l'installe temporairement à Paris, peu de temps avant que ses parents ne divorcent à cause des frasques adultères de son père. Cette discorde entre ses parents le perturbe profondément, et il gardera longtemps rancune à son père pour ses duretés envers sa mère. La petite famille retourne finalement vivre dans cette Normandie que Maupassant aime tant, celle-là même qui lui fournira plus tard les personnages et les sujets de plusieurs de ses récits.

Une adolescence influencée par un guide bienveillant : Gustave Flaubert*

Flaubert

Écrivain français (1821-1880) qui a marqué le courant réaliste par la profondeur de ses analyses psychologiques : *Madame Bovary*, *Salammbô*, *L'éducation sentimentale*, *Trois contes*.

En 1863, c'est la fin de l'insouciance : Maupassant entre au pensionnat catholique d'Yvetot, institution où règnent discipline et règles morales, ce qui déplaît à ce jeune homme épris de liberté. Pendant les vacances,

*: *Cf. Glossaire*

il s'initie à la navigation et développe alors une vive passion pour l'eau, profitant de ses temps libres pour canoter ou conduire son yacht. Les souvenirs de cette époque marquent son œuvre, puisqu'il dépeindra plus tard les mœurs de la paysannerie* normande, les habitudes des marins ou encore la mentalité étroite de la petite aristocratie et de la bourgeoisie* de province.

Déjà à cette époque, Guy de Maupassant s'intéresse à l'écriture et compose ses premiers vers, qu'il soumet à un ami de sa mère, Gustave Flaubert, célèbre auteur du roman *Madame Bovary*. Cet écrivain réaliste* de renom jouera dans sa vie le rôle de modèle et de mentor : il l'aide à corriger ses textes et à forger son style.

Cependant, Maupassant n'arrive pas à trouver sa place au pensionnat, l'esprit lui semble étriqué, il s'y ennuie et, de surcroît, il subit les mesquineries de certains professeurs. En mai 1868, il est renvoyé sous prétexte qu'il appartient à une « société secrète » d'élèves. Il termine ses études secondaires au lycée de Rouen ; il est reçu bachelier ès lettres en 1869.

Une jeunesse parisienne

Le jeune diplômé se rend à Paris et s'inscrit en faculté de droit. Son père l'aide financièrement, mais l'argent demeure un sujet de discorde entre eux. La guerre contre la Prusse (région de l'Allemagne actuelle) est déclarée en 1870, et Maupassant est mobilisé. Le jeune homme est témoin de plusieurs scènes d'horreur lors de ce conflit, qui se soldera par la défaite française et la chute du Second Empire*. Dès la guerre terminée, en 1871, il est embauché à titre de fonctionnaire au ministère de la Marine et entame sa seconde année de droit. Ce travail rémunéré le lasse et il en profite, dès qu'il le peut, pour aller se promener sur les bords de la Seine. Encore une fois, il trouve autour de lui l'inspiration qui nourrira ses écrits : d'un côté, le monde des

Paysannerie

Ensemble des paysans.

Bourgeoisie

Classe sociale constituée de notables et de riches industriels.

Réalisme

Courant artistique et littéraire de la seconde moitié du XIXe siècle, en réaction contre l'idéalisme romantique.

Second Empire

(1852-1870) Époque de l'histoire française pendant laquelle Napoléon III devint empereur des Français. La défaite française lors de la guerre franco-prussienne entraîne son effondrement.

* : *Cf. Glossaire*

Fonctionnaire

Personne qui remplit une fonction dans le cadre d'une administration publique.

petits et grands fonctionnaires*, de l'autre, celui des pêcheurs, des canotiers et des marins. Maupassant file des jours heureux et insouciants, multipliant les sorties avec son groupe d'amis canotiers, de même qu'avec l'une ou l'autre de ses nombreuses conquêtes amoureuses. C'est sans doute à cette époque qu'il contracte la syphilis, maladie vénérienne insidieuse qui l'entame d'abord physiquement, puis sur le plan psychique, et qui causera sa mort prématurée. Plusieurs critiques littéraires ont établi une corrélation entre les effets de cette maladie et la prédilection de Maupassant pour l'univers fantastique*.

Fantastique

Forme de littérature qui regroupe des œuvres où des éléments surnaturels apparaissent dans le réel.

Grand sportif et redoutable séducteur, Maupassant est aussi habité par le désir d'écrire; il trouve en Flaubert un tuteur exigeant qui l'encourage en lui répétant: «Il faut, entendez-vous, jeune homme! Il faut travailler plus que ça.» Il fréquente le milieu littéraire (Goncourt, Zola, Daudet, Tourgueniev, Mallarmé, Villiers de L'Isle-Adam) et fait paraître un premier conte fantastique, *La main d'écorché*. Dès 1877, les symptômes de la syphilis se manifestent: douleurs oculaires et migraines. Cette maladie «honteuse» était alors inguérissable, et plusieurs artistes en ont été victimes.

Maupassant continue à publier, dont un article sur Honoré de Balzac, une pièce de théâtre, *Histoire du vieux temps*, et un poème, *Une fille*, qui raconte l'histoire de «deux jeunes gens qui meurent à force de baiser», poésie qui lui vaudra des poursuites judiciaires (restées sans suites) pour outrage aux bonnes mœurs. À cette époque, plusieurs artistes étaient victimes de la censure, ce qui donne à penser que, dans une société marquée par une morale bourgeoise, la littérature a été considérée comme une menace.

Dix années de gloire

En avril 1880, c'est le succès. La publication de *Boule de suif* lui ouvre les portes des milieux littéraires parisiens

*: Cf. Glossaire

en le consacrant écrivain de talent et en le reconnaissant comme un disciple de Flaubert. Cette nouvelle fait partie d'un recueil portant sur la guerre franco-prussienne de 1870, auquel collaborent divers auteurs dont Zola et Huysmans. Ce célèbre récit l'inscrit dans la mouvance réaliste, et plusieurs de ses contes, nouvelles et romans seront marqués par cette esthétique. Malheureusement, Flaubert meurt en mai, peu avant que Maupassant ne quitte son poste de gratte-papier au ministère de l'Instruction publique et qu'il commence enfin à vivre de sa plume. Le maître n'aura donc pas connaissance de la brillante carrière de son émule.

Entre 1880 et 1890, Maupassant publie environ trois cents contes et nouvelles. Un grand nombre de ces récits paraissent dans des journaux comme c'est alors la coutume, *Gil Blas*, *Le Figaro*, *Le Gaulois*, puis sont réunis en recueils sans cesse réédités. Maupassant publie *Le Horla* en 1887. Sa carrière est lancée. Grâce à ses droits d'auteur, il s'enrichit, voyage beaucoup et s'offre une villa en Normandie, des domestiques et des yachts. Il vit en concubinage avec Joséphine Litzelmann, qu'il a rencontrée lors d'une cure et qui lui donne trois enfants. En célibataire endurci, il ne s'intéresse pas à son rôle de père et refuse d'épouser la mère, repoussant toutes les chaînes qui pourraient entraver sa liberté, ce qui est paradoxal de sa part, lui qui avait autrefois reproché à son père ses infidélités! En fait, Maupassant a toujours entretenu des rapports ambigus avec les femmes, les méprisant et les adorant à la fois, attitude qui se reflète dans son œuvre. En effet, des figures de prostituées et de femmes adultères y pullulent, alors que les hommes ne semblent jamais faire l'objet de réprobation pour leur comportement de goujat. Sous le masque de l'ironie* se dissimule donc une misogynie qui est la sienne, mais aussi celle d'une société qui considère légalement la femme comme un être faible.

En 1889, le frère de Maupassant, Hervé, meurt après deux ans d'internement dans un institut psychiatrique.

Ironie

Procédé consistant à faire entendre le contraire de ce que l'on pense dans le but de railler une personne, une idée.

*: *Cf.* Glossaire

Maupassant subvient alors aux besoins de sa belle-sœur et de sa nièce. Cette perte l'affecte énormément et il reste hanté par ces paroles de son frère, perçues comme prémonitoires : « Ah ! Guy ! Tu me fais enfermer ! C'est toi qui es fou, tu m'entends ! » Dès lors, Maupassant manifestera un grand intérêt pour tout ce qui touche à la maladie mentale : il assiste à des séances de thérapie du célèbre neurologue Charcot, qui travaille sur l'aliénation mentale à la Salpêtrière. Cette passion pour les troubles mentaux nourrira abondamment le pan fantastique de son œuvre.

Une terrible déchéance

En 1890, bien que la syphilis le fasse de plus en plus souffrir, Maupassant s'acharne au travail et publie son dernier roman, *Notre cœur*, ainsi qu'un dernier recueil de contes, *L'inutile beauté*. Il tente de se soigner au moyen de cures, mais sans succès : la maladie gagne du terrain. En 1891, il cesse d'écrire. En 1892, il tente de se suicider en se tranchant la gorge, en vain. On l'interne dans une clinique psychiatrique, où il meurt dix-huit mois plus tard à l'âge de quarante-trois ans. Dix années auront suffi à faire de lui l'un des plus grands écrivains français du XIXe siècle : Maupassant aura été une étoile filante dans le ciel littéraire de la France, à la fois comme écrivain réaliste, en observant la société d'un point de vue qui se voulait rationnel et vrai, et comme adepte de la littérature fantastique. Même si plusieurs critiques se sont questionnés sur les liens entre sa maladie et son écriture, et ont pensé que ses textes fantastiques étaient le fruit de ses hallucinations – ce qui n'est aucunement prouvé –, Maupassant a continué à écrire brillamment. Si un récit comme *Le Horla* peut certes être perçu comme un témoignage de sa folie, il n'en reste pas moins qu'il rend compte également, sinon davantage, de son génie.

La connaissance de la vie de Maupassant permet de mieux le situer dans son époque, de mieux saisir tant l'homme marqué par son enfance et par les paysages de cette enfance, que l'homme qui véhicule certains des préjugés de son époque... sans jamais parvenir à les réprouver!

- Maupassant vit une enfance qui le rend sensible aux différences entre les classes sociales, jeune privilégié parmi les fils de pêcheurs et de paysans qu'il fréquente librement. Ces observations des milieux plus démunis lui serviront lors de la rédaction de ses récits réalistes.

- Plusieurs facteurs peuvent expliquer le registre fantastique qui caractérise un grand nombre de ses récits: l'internement de son frère, la fragilité psychologique de sa mère, les recherches de l'époque sur la maladie mentale et, enfin, sa propre maladie, qui le rend sujet aux hallucinations.

- Enfin, Maupassant traduit dans ses nouvelles les traits de la mentalité misogyne de son époque, qu'il a tendance à adopter.

À retenir

Description de l'époque : révolutions et progrès en France au XIXᵉ siècle

> **Qu'importe-t-il de connaître de la France du XIXᵉ siècle pour mieux comprendre les nouvelles et les contes de Maupassant ?**

Quelques renseignements préliminaires

La France du XIXᵉ siècle est en pleine effervescence : elle passe d'une économie fondée essentiellement sur l'agriculture à un état de société moderne, industrialisée et urbanisée. Une succession de régimes politiques la font aussi passer de la monarchie* à la démocratie. Les paysans s'exilent de la campagne à la ville tandis qu'émergent diverses idéologies, certaines en faveur du progrès et favorisant les lois du marché, d'autres orientées vers les revendications sociales, de meilleures conditions de travail ou de plus grandes libertés individuelles. Ces profonds bouleversements auront des effets importants sur la population française.

La France s'engage donc dans la révolution industrielle* bien avant l'Amérique et, en particulier, le Québec. Ce n'est pratiquement qu'un siècle plus tard que, de ce côté-ci de l'Atlantique, se multiplieront les manufactures dans les villes, forçant les populations rurales à l'exode vers les grandes agglomérations ou vers les États-Unis. En effet, des romans comme *Maria Chapdelaine*, *Bonheur d'occasion* et *Trente arpents*

Monarchie

Régime politique dans lequel le chef de l'État est un roi, dont le pouvoir est transmis de façon héréditaire.

Révolution industrielle

Désigne le processus historique du XIXᵉ siècle, qui se caractérise par le passage d'une société à dominante agraire et artisanale à une société commerciale et industrielle, dont l'idéologie est technicienne et rationaliste.

---

14   *: Cf. Glossaire

dressent un portrait souvent accablant de la société de cette période, marquée par la défaite, qui peine à affronter le changement. On constate d'ailleurs que le courant réaliste ne s'impose pleinement au Québec qu'avec la vague des romans urbains, après la Seconde Guerre mondiale.

Le contexte socioéconomique

Au XIXe siècle, la noblesse voit son pouvoir lui échapper à l'avantage de la bourgeoisie. Réputée ambitieuse et dynamique, cette dernière s'impose dans les finances, l'administration et la politique. L'industrie (métallurgie, textile) prend de l'importance, financée par les banquiers; une nouvelle ère liée au commerce émerge, comme en témoigne la construction de grands magasins offrant une variété de marchandises qu'Émile Zola décrit dans son roman *Au bonheur des dames*. Pour stimuler la consommation, la publicité s'impose. Les lois du commerce exigent en effet une recherche constante de nouveaux marchés qui, désormais, s'étendront jusqu'aux colonies françaises: la Tunisie, l'Indochine française et l'Algérie.

Par ailleurs, l'industrialisation entraîne son lot de conséquences sur l'organisation de la société française: les campagnes se vident puisque les paysans doivent, pour survivre, migrer en ville, à la recherche de travail. La population est divisée par des luttes de classes: la riche bourgeoisie, qui possède les biens et exerce le pouvoir, exploite le prolétariat* qu'elle ne rémunère pas correctement, le condamnant ainsi à l'instabilité, voire à la misère. Les conditions de vie sont exécrables: les ouvriers habitent des loyers insalubres, souvent à la périphérie des villes; ils doivent mettre rapidement leurs enfants à contribution; ils n'ont pratiquement aucun moment de repos ou de vacances ni aucune protection sociale pour affronter le chômage ou la maladie. Leurs anciens réseaux de solidarité (la paroisse,

Prolétariat

Classe sociale de ceux qui ne possèdent pour vivre que les revenus de leur travail, qui exercent un métier manuel ou mécanique, qui ont un niveau de vie relativement plus bas que celui des capitalistes ou des bourgeois.

*: *Cf.* Glossaire

notamment) étant disparus, leur isolement et leur désespoir se solderont en de graves problèmes sociaux comme la prostitution et l'alcoolisme, ce dont témoignent également les meilleurs romanciers de l'époque. Ces conditions de vie difficiles inspirent la révolte et ouvrent la voie à la circulation de nouvelles idéologies comme le communisme et le socialisme. Les syndicats réclament pour leurs membres une plus juste répartition des richesses; les manifestations, les grèves – souvent sauvages –, les luttes multiples entraînent des réformes et l'adoption de lois sociales sous la IIIe République*.

République

Système politique où la gouvernance de l'État n'appartient pas à des autorités religieuses ni à la noblesse, mais au peuple. C'est le peuple qui choisit ses représentants pour gouverner l'État.

La croissance économique suscite l'invention de technologies de production performantes, afin de mettre en marché de nouvelles marchandises s'adressant à de nouvelles clientèles, et ce, grâce au développement des moyens de communication. La machine à vapeur, l'électricité, le moteur à explosion, le télégraphe et le chemin de fer sont tous des innovations qui donnent aux Français l'impression que la science révolutionnera leur mode de vie et de travail. La science devient ainsi le fer de lance d'un capitalisme qui fascine par l'efficacité qui le caractérise, mais qui effraie tout autant lorsqu'il ne sert qu'au profit et qu'à attiser la concurrence.

Les avancées scientifiques déstabilisent les croyances religieuses. La théorie évolutionniste de Darwin (1859) – qui doute que l'être humain soit une créature de Dieu – ébranle des convictions très profondément enracinées. La médecine expérimentale du physiologiste Claude Bernard et l'exploration du subconscient par Sigmund Freud (1900) contribuent à alimenter un climat de doute, si ce n'est d'angoisse. L'athéisme se propage et l'anticléricalisme s'amplifie; c'est dans ce contexte qu'en 1905 sera votée la séparation de l'Église et de l'État.

L'instruction se généralise et les journaux cultivent le goût de la connaissance. Des cours sont donnés dans les hôpitaux par les chercheurs et les scientifiques

*: *Cf. Glossaire*

les plus influents : Maupassant suit ceux du docteur Charcot à la Salpêtrière sur l'hypnotisme et la folie, dès lors étudiée en tant que maladie mentale. Le libre penseur qu'est Maupassant s'interroge sur les mystères du suprasensible, ce qui alimentera la veine fantastique de son œuvre.

Par ailleurs, les femmes sont jugées inférieures aux hommes et réduites au statut de mineures devant la loi. Elles n'ont pas le droit de gérer leur part d'héritage, elles ne travaillent que si leur mari, leur père ou leur frère le permet et ne reçoivent qu'une instruction sommaire. La femme adultère est passible de prison, réalité dont se servira Maupassant dans plusieurs nouvelles, dont *Les bijoux*. Ainsi, la femme ne jouit que de très peu de liberté ; elle est réduite en quelque sorte à jouer de stratagèmes et d'astuces pour contourner les lois et transcender les préjugés. Elle ne peut non plus prendre de décisions en ce qui concerne l'éducation de ses enfants, qui sont généralement formés par des précepteurs ou qui fréquentent le pensionnat, selon la fortune familiale. Les jeunes filles sont reléguées au couvent, dont elles ne sortiront que si elles trouvent un prétendant (*Une vie* de Maupassant). Chez les classes populaires, plus démunies, la scolarité ne dépasse guère l'école primaire puisqu'il leur tarde de voir leurs enfants grossir les rangs de la main-d'œuvre.

Jusqu'en 1879, l'Église avait la responsabilité de l'instruction. Avec l'arrivée des républicains, notamment celle du ministre Jules Ferry (1881-1882), l'école devient laïque, gratuite et obligatoire. À la fin du XIXe siècle, la population française est alphabétisée.

Le contexte politique

Au XIXe siècle, la France entre dans une période de transition qui la fera passer de la monarchie à la république, forme de régime démocratique que l'on trouve non seulement en France mais aussi aux

États-Unis, sous des formes différentes toutefois, que chaque constitution définit. En un siècle, la France connaîtra une succession de régimes, exposée dans le tableau qui suit.

Révolution française

De 1789 à 1799, ensemble des mouvements qui mettent fin, en France, à l'Ancien Régime.

Dates	Chefs d'État	Régimes
1804-1814	**Napoléon Bonaparte**, grand général sous la révolution puis consul, se déclare empereur des Français sous le titre de **Napoléon Ier**.	**Empire** : régime autoritaire souvent instauré par un coup d'État, où le pouvoir est héréditaire, donc non démocratique. L'empire est un type de monarchie qui tire paradoxalement sa légitimité de la Révolution française*, qui a pourtant prétendu abolir la monarchie.
1814-1848	Succession de rois, soit **Louis XVIII**, **Charles X** et **Louis-Philippe Ier**, appartenant tous à la famille du roi guillotiné en 1789, Louis XVI.	**Restauration**, c.-à-d. retour à la monarchie : régime où le pouvoir est exercé par un seul individu, le roi, et légué de père en fils. Les Capétiens ont régné sur la France du Xe siècle jusqu'à la révolution de 1789. La Restauration marque un retour des rois, mais la monarchie s'exerce cependant dans un cadre constitutionnel, le pouvoir du roi n'étant plus absolu.
1848-1851	**Charles Louis Napoléon Bonaparte**, neveu du premier.	**République** : régime démocratique, puisque le neveu du premier Napoléon est d'abord élu président au suffrage universel. Il s'agit alors de la **Deuxième République**, la première ayant été instaurée en 1792, après la révolution.
1851-1870	**Napoléon III** se déclare empereur à la suite d'un coup d'État.	**Deuxième Empire** : régime autoritaire et centralisé, qui abolit le droit de vote.
1870-1940	Présidents élus : **Adolphe Thiers**, **Patrice Maurice de Mac-Mahon**, **Jules Grévy** et autres.	**Troisième République** : régime démocratique, parlementaire et bicaméral, c.-à-d. avec une chambre des députés et un sénat qui légifèrent, qui voient à l'application des lois et s'assurent de la bonne gouvernance de l'État.

*: *Cf.* Glossaire

La Troisième République, formée en septembre 1870, instaure la liberté d'opinion et de presse (thématique explorée notamment dans le roman *Bel-Ami* de Maupassant), l'instruction publique et le droit de se regrouper en syndicat.

Ce siècle est donc marqué par une grande instabilité politique qui se répercute sur les mentalités : les Français n'ont-ils pas, d'un régime à l'autre, vécu trois insurrections populaires, souvent réprimées avec violence par les forces policières ?

Le contexte culturel

Si le XVIIe siècle a été celui du théâtre et le XVIIIe, celui de la littérature d'idées, le XIXe est assurément celui du roman. Il compte les romanciers français les plus célèbres, ceux qui se sont imposés par des œuvres magistrales : Stendhal avec *Le rouge et le noir*, Balzac avec *La comédie humaine*, Victor Hugo avec *Les misérables* et *Notre-Dame de Paris*, Flaubert avec *Madame Bovary*, Zola avec *Germinal*, Maupassant avec *Une vie* et *Bel-ami*, Dumas avec *Les trois mousquetaires* et Jules Verne avec *Vingt mille lieues sous les mers*. La première moitié du siècle est marquée par le romantisme*, dont le maître incontesté est Victor Hugo. Le courant réaliste s'impose par la suite avec Balzac et Flaubert, engendrant le naturalisme de Zola, développé dans les Rougon-Macquart. Sous l'impulsion de Baudelaire et de ses émules, Verlaine et Rimbaud, tous trois surnommés les « poètes maudits », la poésie sera marquée par le symbolisme*.

Ces mouvements influencent plusieurs domaines artistiques. Les peintres d'allégeance romantique expriment sur leurs toiles des émotions extrêmes, comme la passion ou la révolte de l'homme face à sa destinée (Géricault, *Le radeau de la méduse*). Les peintres réalistes se tournent vers le portrait de la société, traduisant par leurs toiles les inégalités sociales

Romantisme

Courant artistique et littéraire du début du XIXe siècle, qui s'est développé en Europe, en réaction contre le classicisme. Opposé au rationalisme des philosophes du XVIIIe siècle, il valorise la subjectivité et l'exacerbation des émotions tout autant que la fuite dans le rêve. C'est aussi un des premiers mouvements littéraires d'importance au Québec.

Symbolisme

Mouvement esthétique de la fin du XIXe siècle, qui s'inscrit contre le matérialisme et le naturalisme. Les adeptes de ce courant fondent leur art sur une vision symbolique et spirituelle du monde, devant se traduire par des correspondances sensorielles.

* : *Cf. Glossaire*

(*L'angélus* de Millet, 1857) et les moindres détails d'un quotidien à la fois banal et lourd (*Un enterrement à Ornans* de Courbet, 1850). À partir de 1872, le tableau de Monet *Impression, soleil levant* marque une rupture significative sur le plan de l'esthétique en imposant un nouveau courant, l'impressionnisme*. Maîtres de l'impression fugitive, les peintres de ce courant refusent les conventions, sortent de leur atelier et créent en plein air. Contrairement aux réalistes, ils ne cherchent pas à reproduire fidèlement le réel, mais à en donner l'impression en s'intéressant aux jeux de lumière et au mouvement (*Le moulin de la galette* de Renoir, 1876; *Église d'Auvers* de Van Gogh, 1890). De nombreux écrivains s'intéressent à l'art pictural : Maupassant dans *Fort comme la mort*, Zola dans *L'œuvre* et Balzac dans *Le chef-d'œuvre inconnu*. Plusieurs écrivains se font critiques d'art (Maupassant, Zola, Baudelaire, etc.).

Entre 1825 et 1900, plusieurs musiciens, puisant aux sources de leur culture nationale, contribuent à l'épanouissement du romantisme : l'Italien Rossini (*Guillaume Tell*, 1829), le Français Berlioz (la *Symphonie fantastique*, 1830), le Polonais Chopin (la *Sonate funèbre*, 1839), l'Allemand Wagner (*Tristan et Isolde*, 1865) et le Russe Tchaïkovski (*Casse-noisette*, 1892).

En outre, l'essor de la presse entraîne une série de changements dans la culture du XIXe siècle : l'information circule dans toutes les couches de la société et la censure est abolie (en 1882, par la loi sur la liberté de presse). Plusieurs romanciers pratiquent d'ailleurs une forme romanesque fragmentée en épisodes, publiés un à un dans les journaux afin de garder le lecteur en haleine jusqu'à la fin : il s'agit du roman-feuilleton. L'accès à l'information se généralise, les idées circulent, la culture se vulgarise, l'esprit critique se manifeste : la société est en voie de se démocratiser.

Impressionnisme

Mouvement pictural né vers 1860 cherchant à rendre des impressions fugitives, à saisir le moment et la lumière dans la nature ou chez les personnages (Manet, Monet, Renoir). L'impressionnisme s'oppose à l'académisme, qui représentait un monde stable, figé, parfait. Il annonce l'art moderne et influence les artistes visuels, les écrivains et les musiciens.

*: *Cf.* Glossaire

- La bourgeoisie impose ses valeurs – discipline, ambition et importance du paraître – à l'ensemble d'une société fascinée par le pouvoir que donne la richesse.

- En littérature, les écrivains qui se réclament du courant réaliste cherchent à conscientiser le lecteur aux réalités d'une société de type capitaliste.

- La science, qui fournit des moyens pour mieux comprendre la réalité, contribue néanmoins à accentuer l'inquiétude ambiante, en explorant l'inconnu ou l'inconscient. Elle réveille souvent des peurs ataviques, ce qui expliquerait notamment l'importance que prend la littérature fantastique à cette époque.

- Maupassant illustre les deux tendances, réaliste et fantastique, dans son œuvre.

À retenir

Tableau synthèse : caractéristiques du réalisme et du fantastique

Le réalisme

Intrigue Rendre la fiction crédible en créant l'illusion du vrai.	• Personnages types (le bourgeois, le paysan), synthèses des traits observés dans une catégorie sociale. • Intégration dans la fiction de personnages et d'événements d'apparence réelle. • Descriptions détaillées fondées sur l'observation et la documentation. • Temps : l'actualité (contemporaine à l'auteur).
Structure narrative Créer un effet de logique en présentant une vision cohérente et unifiée du monde.	• Narrateur* non représenté (extérieur à l'histoire), point de vue omniscient (focalisation* zéro). • Concordance descriptive entre les aspects physique, psychologique et social du personnage. • Enchaînement linéaire des événements selon un lien de cause à effet. • Récit qui, pour paraître vrai, s'inspire exclusivement du monde réel (faits historiques, actualité, portrait social).
Thématique Rendre la dynamique sociale intelligible au lecteur.	• Conflits d'intérêts et luttes de classes. • Thèmes du pouvoir, de l'argent, de l'hypocrisie sociale et amoureuse. • Amour, désir et religion : refus d'idéalisation.
Style Exprimer un lyrisme personnel tout en décrivant un monde proche du réel.	• Réseaux métaphoriques qui concrétisent le fonctionnement social. • Rejet de la prouesse stylistique et vocabulaire concret.

* : Cf. Glossaire

Tableau synthèse : caractéristiques du réalisme et du fantastique (suite)

Le fantastique

Intrigue Suggérer un univers « vrai » où se déroulent des phénomènes incompréhensibles.	• Personnages singuliers exprimant avec émotion le récit personnel d'une expérience hors du commun. • Intégration d'événements et de personnages « anormaux » dans un univers fictif où règne une « normalité ». • Description détaillée de phénomènes étranges et recours fréquent à l'explication et au protocole scientifiques. • Temps : un passé récent dans la vie du narrateur.
Structure narrative Donner voix à un personnage qui doute de sa propre raison, mais qui se montre rationnel dans sa façon d'analyser les événements et les êtres mystérieux qui se présentent à lui.	• Narrateur représenté (participant à l'histoire) ; point de vue subjectif (focalisation interne). • Concordance descriptive entre les événements singuliers qui sont décrits et l'accentuation du sentiment de peur chez le narrateur. • Enchaînement des événements en fonction d'une gradation de la peur ou de l'impossibilité de résoudre le problème. • Le récit permet d'illustrer un phénomène paranormal de façon subjective.
Thématique Expliquer de façon subjective des peurs archaïques associées au paranormal et aux sciences occultes. Expression de fantasmes associés au fait d'être dans une société morale qui refoule l'expression de la sexualité.	• Conflits entre la raison et l'irrationnel. • Thèmes de la peur, de la folie, de l'angoisse face à la mort et à l'inconnu. • Occultisme et phénomènes paranormaux que l'on tente en vain de comprendre grâce à la méthode scientifique.
Style Gagner la sensibilité du lecteur par un style fortement lyrique, et le convaincre de la lucidité du narrateur par un langage soutenu, recourant fréquemment au vocabulaire scientifique.	• Recours à la subjectivité et à l'émotion : interjections, explications psychologiques et physiques du phénomène de la peur. • Ton de la confidence. • Utilisation d'un vocabulaire spécialisé quant à la description du paranormal.

Présentation des récits

> **Quels liens peut-on établir entre ces connaissances et les nouvelles de Maupassant?**

Les nouvelles normandes et parisiennes de Maupassant mettent en scène des personnages et des situations qui permettent de mieux comprendre la dynamique de la société française du XIXᵉ siècle. Nous trouvons dans *Un million* des êtres dévorés par l'appât du gain et des employés désirant s'élever socialement par tous les moyens, à l'image même d'une société envahie par un capitalisme sauvage.

Dans *Les bijoux* et *La parure*, c'est le poids des apparences et le désir de correspondre aux standards de la bourgeoisie qui entraînent les personnages vers leur propre échec, personnel et social. Et que dire du pauvre et honnête maître Hauchecorne, injustement accusé du vol d'un portefeuille? Dans toutes ces nouvelles réalistes, l'argent est au centre des récits; la nouvelle donne sociale et économique de l'époque se transcrit dans le désir immodéré des personnages de devenir riches.

La figure abjecte et méprisante de la femme adultère permet à Maupassant de contrecarrer la morale austère du temps: rappelons que la femme était jugée criminelle lorsqu'elle trompait son mari. L'infidélité féminine apparaît scandaleuse, alors que celle de l'homme est considérée comme normale, ce qui traduit bien l'inégalité de statut entre les sexes. La malhonnêteté des femmes et des hommes en amour donne lieu à une représentation plus libre, voire libertaire des mœurs amoureuses et souligne ainsi la baisse d'influence d'une Église en déclin. La société s'ouvre en fait à la sensualité et au plaisir, y compris sexuel. Il va sans dire que Maupassant est fasciné par la sexualité et la question des apparences trompeuses et que cela lui fournit le sujet de plusieurs récits. En fait, il expose ici toute l'importance de bien paraître chez les bourgeois, qui s'accompagne invariablement d'une forte tendance à l'hypocrisie: il semble bien que ce ne soit pas le lot de tous de se comporter en restant fidèles à leurs aspirations les plus profondes. N'oublions pas que la bourgeoisie a longtemps dénoncé la dépravation de l'aristocratie; elle veut donc occulter ses vices et donner d'elle une image de puritanisme de bon aloi!

Pour ce qui est des contes fantastiques, Guy de Maupassant puise paradoxalement son inspiration à la fois du côté de la science et de son contraire, l'occultisme, tout en se montrant intéressé par les récentes découvertes en psychologie. Comme nous l'avons dit précédemment, il tirera profit de sa propre expérience de vie et du trouble que provoquent les hallucinations dont il est victime. L'inconnu fascine: y aurait-il en effet une réalité suprasensible à laquelle nos organes, insuffisants, ne nous permettraient pas d'accéder? L'exploration de l'inconscient est une science encore vague et d'autant plus inquiétante qu'elle implique une perte de contrôle de ses émotions et des agissements inattendus, déclenchés par des mobiles secrets, enfouis au fond de l'être. En outre, la raison ne se présente plus comme la faculté volontaire et sécurisante sur laquelle fonder son humanité. Ainsi, les superstitions anciennes tout autant que les explorations scientifiques se révèlent des avenues de choix pour explorer les thèmes de la peur, des fantasmes et de la folie, et pour faire intervenir des personnages menaçants: spectres, vampires, morts-vivants ou revenants.

Ainsi, dans *Le Horla*, la panique ressentie par le personnage principal n'est pas sans évoquer des manifestations de l'inconscient, sans compter les crises de folie dont Maupassant lui-même a été la proie à cause de la syphilis. Dans *La peur* et *La main d'écorché* apparaissent des phénomènes surnaturels qui remettent en cause le culte de la raison hérité du siècle des Lumières ainsi que la foi en Dieu, puisque le monde semble dès lors dirigé par des forces maléfiques et des créatures étrangères au récit de la Bible. Bien que ces nouvelles décrivent des faits paranormaux, ceux-ci sont toutefois bien campés dans la réalité de cette époque, puisqu'au XIXe siècle les mentalités et les croyances étaient en mutation. Les contes héritent d'une part des superstitions anciennes dont il est difficile de se défaire et, d'autre part, de l'inquiétude ressentie face à une science qui dévoile des aspects encore mal définis de l'être humain. Entre l'explication religieuse et l'explication scientifique, il y a un interstice dans lequel se glisse l'angoisse, que Maupassant décrira si précisément dans ses contes.

Liens avec le courant et les formes littéraires de l'époque

Les sept nouvelles présentées dans ce recueil illustrent les caractéristiques du réalisme et celles de la littérature fantastique.

Le réalisme des nouvelles parisiennes et normandes (*Un million, Les bijoux, La parure, La ficelle*)

Un grand souci de vraisemblance*

- Les personnages sont ordinaires, non idéalisés. Ils répercutent la dynamique des rapports sociaux : on y croise des paysans prospères et des employés de la ville ; la bourgeoisie apparaît comme la représentante d'un idéal pour ceux qui désirent y accéder, comme dans *La parure* et *Les bijoux* lorsque les femmes tentent de briller dans le monde ou que, dans *Un million*, il semble si important d'obtenir un héritage. Les valeurs de la bourgeoisie paraissent avoir un effet négatif et contribuent à la destruction des illusions. Les femmes résistent mal à l'attrait

Vraisemblance

Qualité de ce qui semble vrai pour la raison du spectateur, même quand cela ne l'est pas réellement, en donnant aux faits une apparence de vérité.

*: Cf. Glossaire

d'une réussite qu'elles ne peuvent obtenir par leurs propres moyens.

- Les personnages évoqués rappellent la société réelle : paysans, employés de bureau, spectateurs de théâtre, foules urbaines, etc.

- Les relations amoureuses sont banalisées, jamais magnifiées : les couples sont aux prises avec l'adultère, l'hypocrisie, la prostitution, etc.

- Les descriptions sont concentrées sur les activités quotidiennes, afin d'évoquer fidèlement et objectivement la réalité (notamment les scènes de vie se déroulant à l'auberge dans *La ficelle*).

- Les dialogues reproduisent le parler populaire normand et donnent une idée juste de l'accent local. (Il est à noter que ce dialecte présente aussi comme intérêt d'entretenir des liens de parenté avec le parler des Québécois.)

- Les références à la réalité socioéconomique des Français de l'époque sont le résultat d'une observation minutieuse des Parisiens et des paysans normands : vie quotidienne des employés de bureau dans *Un million* et soucis monétaires des petites gens dans *La ficelle*, ou description de la grossièreté quasi bestiale de la foule normande au début de *La ficelle*.

- Un trait suffit parfois à décrire un personnage : dans *Les bijoux*, on dit de madame Lantin que « Sa beauté modeste avait un charme de pudeur angélique, et l'imperceptible sourire qui ne quittait point ses lèvres semblait un reflet de son cœur » (l. 10 à 12).

Un grand souci de cohérence narrative*

- Dans ces quatre nouvelles réalistes, Maupassant choisit un narrateur omniscient par l'utilisation du « il » (narrateur non représenté dans le récit et focalisation zéro), ce qui accentue l'impression d'objectivité et de sens de l'observation qui se dégage de l'œuvre dans son ensemble.

Cohérence narrative

Logique interne du texte de fiction qui s'élabore sur le schéma narratif (situation initiale, élément déclencheur, péripétie, élément de résolution, dénouement).

* : *Cf.* Glossaire

- Les actions des personnages permettent de décrire la véritable nature des individus, qui nous apparaissent dès lors «vrais» parce que imparfaits: une femme adultère, des êtres prêts à tout pour gagner de l'argent, des commérages, des gens dévorés par le désir d'être considérés par leurs semblables ou de se hisser dans la haute société.

- Les événements progressent dans un ordre chronologique et chaque événement est présenté comme la cause de celui qui suivra: dans *La ficelle*, le fait que maître Hauchecorne se penche pour ramasser un petit bout de ficelle par terre entraîne des médisances et un procès pour vol.

Thèmes réalistes

- L'argent est un thème récurrent des nouvelles réalistes de Maupassant. C'est dans leur rapport à l'argent que la morale des personnages est décrite. Il donne du prestige à certains (M. et Mme Bonnin) ou conduit d'autres à la misère (maître Hauchecorne). À travers ce thème, l'auteur peint la hiérarchie sociale de son temps.

- La femme adultère est un thème de prédilection dans les nouvelles réalistes, puisqu'il permet de dire une vérité que l'on jugeait taboue à l'époque, celle-là même qui se cache derrière des portes closes. L'hypocrisie des couples est mise en lumière pour décrire le cœur véritable des êtres et la fragilité des relations amoureuses.

L'aspect fantastique des contes
(*Le Horla, La main d'écorché, La peur*)

Une ingénieuse **remise en cause de la raison**

- Le récit s'ouvre sur la description d'un univers normatif et banal, et évolue graduellement vers la transcription d'un monde ponctué de phénomènes étranges et paranormaux. Du connu, le récit progresse vers le mystère en dépeignant les «anormalités» qui font partie du monde réel.

- Le narrateur tente d'expliquer la cause des phénomènes étranges qu'il observe. Il croit d'abord être devenu fou et tente ensuite de prouver, au moyen de différentes observations, qu'il a bel et bien été témoin d'un événement extraordinaire (fantôme, créature étrange, etc.). Le monde fantastique se structure donc sur l'explication de ce qui fait peur, de ce qui paraît étrange. Le narrateur s'efforce de prouver qu'il est un être doté de raison dans un monde où l'inexplicable surgit.

- Dans une époque fortement rationaliste, au sein de laquelle la science et le progrès sont maîtres, la littérature fantastique déconstruit le réel sur plusieurs plans, puisque le personnage doute des fondements mêmes du monde qu'il croyait connaître: il ne peut plus désormais se fier aux valeurs et aux façons de penser communément admises. En ce sens, le fantastique ramène le personnage à une forme de solitude et d'isolement social, puisqu'il sait ce que l'ensemble de la société ignore et que ce simple fait l'en exclut, le faisant passer pour un fou ou un illuminé.

Le recours à la **subjectivité** pour exprimer la peur

- La narration* au «je» permet de présenter avec précision les émotions d'un personnage et le caractère singulier de l'expérience qu'il vit. Grâce à cette narration toute personnelle, le lecteur a accès aux pensées profondes d'un personnage aux prises avec l'irrationnel.

- Le récit s'ouvre sur le ton de la confidence, de manière à ce que le lecteur se sente personnellement interpellé par le récit et qu'il arrive à mieux partager les craintes et les incertitudes du narrateur. Celui-ci semble alors raconter une histoire vraie qui lui est

Narration

Ensemble des moyens utilisés par un auteur pour raconter une histoire.

*: Cf. Glossaire

arrivée et qu'il partage avec des lecteurs dont il appréhende déjà une réaction d'incrédulité. Il veut donc raconter pour convaincre.

- L'utilisation fréquente du dialogue permet de mieux rendre la peur et les émotions fortes, frôlant toutes la folie, que ressent le narrateur. Le recours fréquent aux exclamations et aux interrogations met en relief les sentiments.

Thèmes fantastiques

- Les personnages mis en scène sont étranges et suscitent l'inquiétude et la peur: le fantôme, le double à l'identité maligne et perverse (comme dans *Le Horla*), les créatures étranges, etc.

- Les actions évoquées sont en rupture avec une réalité «normale», ce qui a pour effet de susciter chez les personnages une peur archaïque, puisque ces derniers croient que l'ordre du réel a basculé et que leur propre raison est en péril: apparitions, possessions démoniaques, magnétisme, destruction, etc.

- Le propre du récit fantastique est de mettre en échec la raison, puisque le personnage est soumis à des phénomènes hors du commun qui lui font d'abord croire qu'il est fou, puis qui lui permettent de réaliser la part insaisissable et mystérieuse qui se cache derrière le réel qu'il connaît. De là naît un sentiment de frayeur.

Guy de Maupassant
en son temps

	Vie et œuvre de Maupassant	Événements historiques	Événements culturels
1848		Chute de la Monarchie de Juillet. Début de la IIe République.	
1850	Naissance de Guy de Maupassant.		Mort de Balzac. Courbet, *Un enterrement à Ornans.*
1851		Coup d'État de Louis Napoléon Bonaparte.	Première exposition universelle à Londres.
1852		Second Empire : Napoléon III, empereur des Français.	
1856	Naissance de son frère Hervé.		Flaubert, *Madame Bovary* (1857).
1859	Installation temporaire de la famille Maupassant à Paris.		Darwin, *De l'origine des espèces.*
1860	Séparation des parents. Les enfants et leur mère partent à Étretat.		
1861		1861-1865 Guerre de Sécession aux États-Unis.	
1862			Victor Hugo, *Les misérables.* Flaubert, *Salammbô.*

	Vie et œuvre de Maupassant	Événements historiques	Événements culturels
1863	Entrée au pensionnat ecclésiastique d'Yvetot.	Loi accordant le droit de grève aux ouvriers (1864).	Manet, *Le déjeuner sur l'herbe*.
1869	Ses premiers travaux littéraires sont corrigés par Gustave Flaubert et Louis Bouilhet. Première année de droit à Paris.	Création de la Confédération canadienne (1867). Abolition de l'esclavage aux États-Unis (1868).	Flaubert, *L'éducation sentimentale*.
1870	Mobilisé pour la guerre, Maupassant est rattaché à l'intendance.	1870-1871 Guerre franco-prussienne. Proclamation de la IIIe République.	
1871	Départ de l'armée.	Paris: occupation par les Prussiens. Gouvernement révolutionnaire, la Commune. Armistice.	Zola, *Les Rougon-Macquart* (1871-1893).
1872	Entrée au ministère de la Marine. Canotage sur la Seine.		Monet, *Impression, soleil levant*.
1873	Travail littéraire assidu sous la direction de Flaubert.		Rimbaud, *Une saison en enfer*.

	Vie et œuvre de Maupassant	Événements historiques	Événements culturels
1874	Fréquentations littéraires: Goncourt, Zola, Mallarmé, etc.		
1875	Publication d'un premier conte, *La main d'écorché*.	Lois constitutionnelles instaurant la IIIᵉ République.	Bizet, *Carmen*.
1877	Premiers symptômes invalidants de la syphilis.		Flaubert, *Trois contes*. Zola, *L'assommoir*.
1879	Représentations de sa pièce *Histoire du vieux temps*.	Jules Grévy est élu président de la IIIᵉ République.	
1880	Maupassant vit de sa plume. Malgré des soucis de santé, il effectue des voyages à l'étranger. Célèbre grâce à *Boule de suif*.	Amnistie des communards. 14 juillet: première fête nationale.	Mort de Flaubert. Apogée du naturalisme (Zola, *Nana*).
1881	Recueil de contes: *La maison Tellier*.	Loi sur la liberté de la presse. L'école devient laïque, gratuite et obligatoire.	
1882	*Mademoiselle Fifi* (recueil).	Abolition de la censure.	

	Vie et œuvre de Maupassant	Événements historiques	Événements culturels
1883	Premier roman : *Une vie*. Recueil : *Contes de la bécasse*. Chroniques, préfaces.	Expansion coloniale : Afrique et Asie du Sud-Est.	Villiers de L'Isle-Adam, *Contes cruels*.
1884	Recueils : *Miss Harriet, Yvette,* etc.		Huysmans, *À rebours*.
1885	*Bel-Ami* (2e roman). *Contes du jour et de la nuit*.		Mort de Victor Hugo le 22 mai.
1886	Première version du *Horla*.		Bartholdi, *La liberté éclairant le monde* (sculpture). Manifeste symboliste de Moréas.
1887	*Mont-Oriol* (3e roman). Seconde version du *Horla*.		
1888	*Pierre et Jean* (4e roman). *Le rosier de Mme Husson* (recueil).		
1889	Décès de son frère Hervé, dans un hôpital psychiatrique. *Fort comme la mort* (5e roman).	Exposition universelle et construction de la tour Eiffel.	

	Vie et œuvre de Maupassant	Événements historiques	Événements culturels
1890	La maladie ne cesse de progresser. *Notre cœur* (6e roman) et *L'inutile beauté* (recueil).		Zola, *La bête humaine*.
1891	Son état physique et mental s'aggrave. Il n'écrit plus.		Mort de Rimbaud.
1892	Tentative de suicide le 1er janvier. Il entre à la clinique psychiatrique du docteur Blanche.		Cézanne, *Les joueurs de cartes*. Renoir, *Jeunes filles au piano*. Tchaïkovski, *Casse-noisette*.
1893	Il meurt le 6 juillet de la syphilis, après une agonie de dix-huit mois.		

Récits réalistes et fantastiques

Maupassant

Un Million

Les Bijoux

La Parure

La Ficelle

Le Horla

La Main d'écorché

La Peur

La réception ou *L'ambitieuse Circa*, tableau de James Tissot, 1883-1885.

Récits réalistes

Un Million

C'était un modeste ménage d'employés. Le mari, commis[1] de ministère, correct et méticuleux, accomplissait strictement son devoir. Il s'appelait Léopold Bonnin. C'était un petit jeune homme qui pensait en tout ce qu'on devait penser. Élevé religieusement, il devenait moins croyant depuis que la République tendait à la séparation de l'Église et de l'État. Il disait bien haut, dans les corridors de son ministère : « Je suis religieux, très religieux même, mais religieux à Dieu ; je ne suis pas clérical[2]. » Il avait avant tout la prétention d'être un honnête homme, et il le proclamait en se frappant la poitrine. Il était, en effet, un honnête homme dans le sens le plus terre à terre du mot. Il venait à l'heure, partait à l'heure, ne flânait guère, et se montrait toujours fort droit sur la « question d'argent ». Il avait épousé la fille d'un collègue pauvre, mais dont la sœur était riche d'un million, ayant été

notes
_____

1. commis : préposé à un emploi dont il doit rendre compte ; employé.

2. clérical : favorable au clergé.

15 épousée par amour. Elle n'avait pas eu d'enfants, d'où une désolation pour elle, et ne pouvait laisser son bien, par conséquent, qu'à sa nièce.

Cet héritage était la pensée de la famille. Il planait sur la maison, planait sur le ministère tout entier ; on savait que « les Bonnin 20 auraient un million ».

Les jeunes gens non plus n'avaient pas d'enfants, mais ils n'y tenaient guère, vivant tranquilles en leur étroite et placide[1] honnêteté. Leur appartement était propre, rangé, dormant[2], car ils étaient calmes et modérés en tout ; et ils pensaient qu'un enfant 25 troublerait leur vie, leur intérieur, leur repos. Ils ne se seraient pas efforcés de rester sans descendance ; mais puisque le Ciel ne leur en avait point envoyé, tant mieux. La tante au million se désolait de leur stérilité et leur donnait des conseils pour la faire cesser. Elle avait essayé autrefois, sans succès, de mille pratiques révélées 30 par des amis ou des chiromanciennes[3] ; depuis qu'elle n'était plus en âge de procréer, on lui avait indiqué mille autres moyens qu'elle supposait infaillibles, en se désolant de n'en pouvoir faire l'expérience, mais elle s'acharnait à les découvrir à ses neveux, et leur répétait à tout moment :

35 « Eh bien, avez-vous essayé ce que je vous recommandais l'autre jour ? »

Elle mourut. Ce fut dans le cœur des deux jeunes gens une de ces joies secrètes qu'on voile de deuil vis-à-vis de soi-même et vis-à-vis des autres. La conscience se drape de noir, mais l'âme 40 frémit d'allégresse[4].

Ils furent avisés qu'un testament était déposé chez un notaire. Ils y coururent à la sortie de l'église.

La tante, fidèle à l'idée fixe de toute sa vie, laissait son million à leur premier-né, avec la jouissance de rente aux parents jusqu'à

notes

1. **placide** : paisible, tranquille.
2. **dormant** : tranquille, où l'on dort bien.
3. **chiromanciennes** : voyantes prédisant l'avenir par l'examen des lignes de la main.
4. **allégresse** : gaieté, ravissement.

45   leur mort. Si le jeune ménage n'avait pas d'héritier avant trois ans, cette fortune irait aux pauvres.

   Ils furent stupéfaits, atterrés. Le mari tomba malade et demeura huit jours sans retourner au bureau. Puis, quand il fut rétabli, il se promit avec énergie d'être père.

50   Pendant six mois, il s'y acharna jusqu'à n'être plus que l'ombre de lui-même. Il se rappelait maintenant tous les moyens de la tante et les mettait en œuvre consciencieusement, mais en vain. Sa volonté désespérée lui donnait une force factice[1] qui faillit lui devenir fatale. L'anémie[2] le minait ; on craignait la phtisie[3]. Un

55 médecin consulté l'épouvanta et le fit rentrer dans son existence paisible, plus paisible même qu'autrefois, avec un régime réconfortant.

   Des bruits gais couraient au ministère, on savait la désillusion du testament et on plaisantait dans toutes les divisions sur ce

60 fameux « coup du million ». Les uns donnaient à Bonnin des conseils plaisants ; d'autres s'offraient, avec outrecuidance[4], pour remplir la clause désespérante. Un grand garçon surtout, qui passait pour un viveur terrible, et dont les bonnes fortunes étaient célèbres par les bureaux, le harcelait d'allusions, de mots grivois[5],

65 se faisant fort, disait-il, de le faire hériter en vingt minutes. Léopold Bonnin, un jour, se fâcha, et, se levant brusquement avec sa plume derrière l'oreille, lui jeta cette injure :

   « Monsieur, vous êtes un infâme ; si je ne me respectais pas, je vous cracherais au visage. »

70   Des témoins furent envoyés[6], ce qui mit tout le ministère en émoi pendant trois jours. On ne rencontrait qu'eux dans les couloirs, se communiquant des procès-verbaux[7], et des points de vue sur l'affaire. Une rédaction fut enfin adoptée à l'unanimité

---

notes

1. **factice** : apparente mais non réelle.
2. **anémie** : abaissement du nombre de globules rouges dans le sang qui produit un état de fatigue.
3. **phtisie** : maladie des poumons, dépérissement.

4. **outrecuidance** : insolence et orgueil.
5. **grivois** : libertins, inconvenants.
6. En vue d'un duel.
7. **procès-verbaux** : comptes rendus écrits.

75 par les quatre délégués et acceptée par les deux intéressés, qui échangèrent gravement un salut et une poignée de main devant le chef de bureau, en balbutiant quelques paroles d'excuse.

Pendant le mois qui suivit, ils se saluèrent avec une cérémonie voulue et un empressement bien élevé, comme des adversaires qui se sont trouvés face à face. Puis un jour, s'étant heurtés au
80 tournant d'un couloir, M. Bonnin demanda avec un empressement digne :

« Je ne vous ai point fait mal, Monsieur ? »

L'autre répondit :

« Nullement, Monsieur. »

85 Depuis ce moment, ils crurent convenable d'échanger quelques paroles en se rencontrant. Puis, ils devinrent peu à peu plus familiers ; ils prirent l'habitude l'un de l'autre, se comprirent, s'estimèrent en gens qui s'étaient méconnus, et devinrent inséparables.

90 Mais Léopold était malheureux dans son ménage. Sa femme le harcelait d'allusions désobligeantes, le martyrisait de sous-entendus. Et le temps passait ; un an déjà s'était écoulé depuis la mort de la tante. L'héritage semblait perdu.

Mme Bonnin, en se mettant à table, disait :

95 « Nous avons peu de choses pour le dîner ; il en serait autrement si nous étions riches. »

Quand Léopold partait pour le bureau, Mme Bonnin, en lui donnant sa canne, disait :

« Si nous avions cinquante mille livres de rente, tu n'aurais pas
100 besoin d'aller trimer[1] là-bas, monsieur le gratte-papier. »

Quand Mme Bonnin allait sortir par les jours de pluie, elle murmurait :

note
....

1. **trimer :** travailler, avec une connotation de pénibilité.

« Si on avait une voiture, on ne serait pas forcé de se crotter par des temps pareils. »

105 Enfin, à toute heure, en toute occasion, elle semblait reprocher à son mari quelque chose de honteux, le rendant seul coupable, seul responsable de la perte de cette fortune.

Exaspéré il finit par l'emmener chez un grand médecin qui, après une longue consultation, ne se prononça pas, déclarant qu'il
110 ne voyait rien ; que le cas se présentait assez fréquemment ; qu'il en est des corps comme des esprits ; qu'après avoir vu tant de ménages disjoints par incompatibilité d'humeur, il n'était pas étonnant d'en voir d'autres stériles par incompatibilité physique. Cela coûta quarante francs.

115 Un an encore s'écoula. La guerre était déclarée, une guerre incessante, acharnée, entre les deux époux, une sorte de haine épouvantable. Et Mme Bonnin ne cessait de répéter :

« Est-ce malheureux, de perdre une fortune parce qu'on a épousé un imbécile ! » ou bien :
120 « Dire que si j'étais tombée sur un autre homme, j'aurais aujourd'hui cinquante mille livres de rente ! » ou bien :

« Il y a des gens qui sont toujours gênants dans la vie. Ils gâtent tout. »

Les dîners, les soirées surtout devenaient intolérables. Ne
125 sachant plus que faire, Léopold, un soir, craignant une scène horrible au logis, amena son ami, Frédéric Morel, avec qui il avait failli se battre en duel. Morel fut bientôt l'ami de la maison, le conseiller écouté des deux époux.

Il ne restait plus que six mois avant l'expiration du dernier délai
130 donnant aux pauvres le million ; et peu à peu Léopold changeait d'allures vis-à-vis de sa femme, devenait lui-même agressif, la piquait souvent par des insinuations obscures, parlait d'une façon mystérieuse de femmes d'employés qui avaient su faire la situation de leur mari.

135 De temps en temps, il racontait quelque histoire d'avancement surprenant tombé sur un commis. « Le père Ravinot, qui

était surnuméraire[1] voici cinq ans, vient d'être nommé sous-chef. »

Mme Bonnin prononçait :

140 « Ce n'est pas toi qui saurais en faire autant. »

Alors Léopold haussait les épaules. « Avec ça qu'il en fait plus qu'un autre. Il a une femme intelligente, voilà tout. Elle a su plaire au chef de division, et elle obtient tout ce qu'elle veut. Dans la vie il faut savoir s'arranger pour n'être pas dupé[2] par les
145 circonstances. »

Que voulait-il dire au juste ? Que comprit-elle ? Que se passa-t-il ?

Ils avaient chacun un calendrier, et marquaient les jours qui les séparaient du terme fatal ; et chaque semaine ils sentaient une
150 folie les envahir, une rage désespérée, une exaspération éperdue avec un tel désespoir qu'ils devenaient capables d'un crime s'il avait fallu le commettre.

Et voilà qu'un matin, Mme Bonnin dont les yeux luisaient et dont toute la figure semblait radieuse, posa ses deux mains sur les
155 épaules de son mari, et, le regardant jusqu'à l'âme, d'un regard fixe et joyeux, elle dit, tout bas :

« Je crois que je suis enceinte. »

Il eut une telle secousse au cœur qu'il faillit tomber à la renverse ; et brusquement, il saisit sa femme dans ses bras,
160 l'embrassa éperdument, l'assit sur ses genoux, l'étreignit encore comme une enfant adorée, et, succombant à l'émotion, il pleura, il sanglota.

Deux mois après, il n'avait plus de doutes. Il la conduisit alors chez un médecin pour faire constater son état et porta le certificat
165 obtenu chez le notaire dépositaire du testament.

notes

1. surnuméraire : simple employé supplémentaire.
2. dupé : trompé, berné.

passage analysé

L'homme de loi déclara que, du moment que l'enfant existait, né ou à naître, il s'inclinait ; et qu'il surseoirait[1] à l'exécution jusqu'à la fin de la grossesse.

Un garçon naquit, qu'ils nommèrent Dieudonné, en souvenir de ce qui s'était pratiqué dans les maisons royales[2].

Ils furent riches.

Or, un soir, comme M. Bonnin rentrait chez lui où devait dîner son ami Frédéric Morel, sa femme lui dit d'un ton simple :

« Je viens de prier notre ami Frédéric de ne plus mettre les pieds ici, il a été inconvenant avec moi. »

Il la regarda une seconde avec un sourire reconnaissant dans l'œil, puis il ouvrit les bras ; elle s'y jeta et ils s'embrassèrent longtemps, longtemps comme deux bons petits époux, bien tendres, bien unis, bien honnêtes.

Et il faut entendre Mme Bonnin parler des femmes qui ont failli par amour, et de celles qu'un grand élan du cœur a jetées dans l'adultère.

notes

1. surseoirait : retarderait, ajournerait.

2. Dieudonné [...] maisons royales : Dieudonné est un surnom attribué à des enfants nobles dont la naissance est regardée comme une faveur directe du Ciel, comme un don de Dieu.

Homme au balcon,
tableau de Gustave Caillebotte, 1880.

Les Bijoux

M. Lantin ayant rencontré cette jeune fille, dans une soirée, chez son sous-chef de bureau, l'amour l'enveloppa comme un filet.

C'était la fille d'un percepteur de province, mort depuis plusieurs années. Elle était venue ensuite à Paris avec sa mère, qui fréquentait quelques familles bourgeoises de son quartier dans l'espoir de marier la jeune personne. Elles étaient pauvres et honorables, tranquilles et douces. La jeune fille semblait le type absolu de l'honnête femme à laquelle le jeune homme sage rêve de confier sa vie. Sa beauté modeste avait un charme de pudeur angélique, et l'imperceptible sourire qui ne quittait point ses lèvres semblait un reflet de son cœur.

Tout le monde chantait ses louanges ; tous ceux qui la connaissaient répétaient sans fin : « Heureux celui qui la prendra. On ne pourrait trouver mieux. »

M. Lantin, alors commis[1] principal au ministère de l'Intérieur, aux appointements[2] annuels de trois mille cinq cents francs, la demanda en mariage et l'épousa.

Il fut avec elle invraisemblablement heureux. Elle gouverna sa maison avec une économie si adroite qu'ils semblaient vivre dans le luxe. Il n'était point d'attentions, de délicatesses, de chatteries[3] qu'elle n'eût pour son mari ; et la séduction de sa personne était si grande que, six ans après leur rencontre, il l'aimait plus encore qu'aux premiers jours.

Il ne blâmait en elle que deux goûts, celui du théâtre et celui des bijouteries fausses.

Ses amies (elle connaissait quelques femmes de modestes fonctionnaires) lui procuraient à tous moments des loges pour les

notes

1. **commis** : préposé à un emploi dont il doit rendre compte ; employé.
2. **appointement** : salaire fixe reçu par un employé.

3. **chatteries** : caresses, douceurs, gâteries.

Récits réalistes

pièces en vogue, même pour les premières représentations ; et
elle traînait, bon gré, mal gré, son mari à ces divertissements qui
le fatiguaient affreusement après sa journée de travail. Alors il la
supplia de consentir à aller au spectacle avec quelque dame de sa
connaissance qui la ramènerait ensuite. Elle fut longtemps à
céder, trouvant peu convenable cette manière d'agir. Elle s'y
décida enfin par complaisance, et il lui en sut un gré infini.

Or, ce goût pour le théâtre fit bientôt naître en elle le besoin de
se parer. Ses toilettes demeuraient toutes simples, il est vrai, de
bon goût toujours, mais modestes ; et sa grâce douce, sa grâce
irrésistible, humble et souriante, semblait acquérir une saveur
nouvelle de la simplicité de ses robes, mais elle prit l'habitude de
pendre à ses oreilles deux gros cailloux du Rhin[1] qui simulaient
des diamants, et elle portait des colliers de perles fausses, des
bracelets en similor[2], des peignes agrémentés de verroteries
variées jouant les pierres fines.

Son mari, que choquait un peu cet amour du clinquant,
répétait souvent : « Ma chère, quand on n'a pas le moyen de se
payer des bijoux véritables, on ne se montre parée que de sa
beauté et de sa grâce, voilà encore les plus rares joyaux. »

Mais elle souriait doucement et répétait : « Que veux-tu ?
J'aime ça. C'est mon vice. Je sais bien que tu as raison ; mais on
ne se refait pas. J'aurais adoré les bijoux, moi ! »

Et elle faisait rouler dans ses doigts les colliers de perles, miroiter
les facettes des cristaux taillés, en répétant : « Mais regarde donc
comme c'est bien fait. On jurerait du vrai. »

Il souriait en déclarant : « Tu as des goûts de Bohémienne[3]. »

Quelquefois, le soir, quand ils demeuraient en tête à tête au
coin du feu, elle apportait sur la table où ils prenaient le thé la
boîte de maroquin[4] où elle enfermait la « pacotille[5] », selon le mot
de M. Lantin ; et elle se mettait à examiner ces bijoux imités avec

notes

1. **cailloux du Rhin** : cristaux de roche colorés utilisés comme imitation de pierres précieuses.
2. **similor** : alliage de zinc avec du cuivre, qui donne l'apparence de l'or.
3. **Bohémienne** : tsigane, romanichelle.
4. **maroquin** : cuir de bouc ou de chèvre.
5. **pacotille** : bijoux en toc, verroterie.

48

60 une attention passionnée, comme si elle eût savouré quelque jouissance secrète et profonde ; et elle s'obstinait à passer un collier au cou de son mari pour rire ensuite de tout son cœur en s'écriant : « Comme tu es drôle ! » Puis elle se jetait dans ses bras et l'embrassait éperdument.

65 Comme elle avait été à l'Opéra, une nuit d'hiver, elle rentra toute frissonnante de froid. Le lendemain elle toussait. Huit jours plus tard elle mourait d'une fluxion de poitrine[1].

Lantin faillit la suivre dans la tombe. Son désespoir fut si terrible que ses cheveux devinrent blancs en un mois. Il pleurait du matin
70 au soir, l'âme déchirée d'une souffrance intolérable, hanté par le souvenir, par le sourire, par la voix, par tout le charme de la morte.

Le temps n'apaisa point sa douleur. Souvent pendant les heures du bureau, alors que les collègues s'en venaient causer un peu des
75 choses du jour, on voyait soudain ses joues se gonfler, son nez se plisser, ses yeux s'emplir d'eau ; il faisait une grimace affreuse et se mettait à sangloter.

Il avait gardé intacte la chambre de sa compagne où il s'enfermait tous les jours pour penser à elle ; et tous les meubles, ses
80 vêtements mêmes demeuraient à leur place comme ils se trouvaient au dernier jour.

Mais la vie se faisait dure pour lui. Ses appointements, qui, entre les mains de sa femme, suffisaient à tous les besoins du ménage, devenaient, à présent, insuffisants pour lui tout seul. Et il se
85 demandait avec stupeur comment elle avait su s'y prendre pour lui faire boire toujours des vins excellents et manger des nourritures délicates qu'il ne pouvait plus se procurer avec ses modestes ressources.

Il fit quelques dettes et courut après l'argent à la façon des gens
90 réduits aux expédients[2]. Un matin enfin, comme il se trouvait sans un sou, une semaine entière avant la fin du mois, il songea à

vendre quelque chose ; et tout de suite la pensée lui vint de se défaire de la « pacotille » de sa femme, car il avait gardé au fond du cœur une sorte de rancune contre ces « trompe-l'œil[1] » qui

95 l'irritaient autrefois. Leur vue même, chaque jour, lui gâtait[2] un peu le souvenir de sa bien-aimée.

Il chercha longtemps dans le tas de clinquants[3] qu'elle avait laissés, car jusqu'aux derniers jours de sa vie elle en avait acheté obstinément, rapportant presque chaque soir un objet nouveau,

100 et il se décida pour le grand collier qu'elle semblait préférer, et qui pouvait bien valoir, pensait-il, six ou huit francs, car il était vraiment d'un travail très soigné pour du faux.

Il le mit en sa poche et s'en alla vers son ministère en suivant les boulevards, cherchant une boutique de bijoutier qui lui inspirât

105 confiance.

Il en vit une enfin et entra, un peu honteux d'étaler ainsi sa misère et de chercher à vendre une chose de si peu de prix.

« Monsieur, dit-il au marchand, je voudrais bien savoir ce que vous estimez ce morceau. »

110 L'homme reçut l'objet, l'examina, le retourna, le soupesa, prit une loupe, appela son commis, lui fit tout bas des remarques, reposa le collier sur son comptoir et le regarda de loin pour mieux juger de l'effet.

M. Lantin, gêné par toutes ces cérémonies, ouvrait la bouche

115 pour déclarer : « Oh ! je sais bien que cela n'a aucune valeur », – quand le bijoutier prononça :

« Monsieur, cela vaut de douze à quinze mille francs ; mais je ne pourrais l'acheter que si vous m'en faisiez connaître exactement la provenance. »

120 Le veuf ouvrit des yeux énormes et demeura béant, ne comprenant pas. Il balbutia enfin : « Vous dites ?... Vous êtes sûr. » L'autre se méprit sur son étonnement, et, d'un ton sec : « Vous pouvez chercher ailleurs si on vous en donne davantage. Pour

notes

1. **trompe-l'œil** : ici, bijoux en toc qui impressionnent autant que des vrais.

2. **gâtait** : gâchait, altérait.
3. **clinquants** : tape-à-l'œil, voyants.

125 moi cela vaut, au plus, quinze mille. Vous reviendrez me trouver si vous ne trouvez pas mieux. »

M. Lantin, tout à fait idiot[1], reprit son collier et s'en alla, obéissant à un confus besoin de se trouver seul et de réfléchir.

Mais, dès qu'il fut dans la rue, un besoin de rire le saisit, et il pensa : « L'imbécile ! oh ! l'imbécile ! si je l'avais pris au mot tout
130 de même ! En voilà un bijoutier qui ne sait pas distinguer le faux du vrai ! »

Et il pénétra chez un autre marchand, à l'entrée de la rue de la Paix. Dès qu'il eut aperçu le bijou, l'orfèvre s'écria :

« Ah ! parbleu ; je le connais bien, ce collier ; il vient de chez
135 moi. »

M. Lantin, fort troublé, demanda :

« Combien vaut-il ?

– Monsieur, je l'ai vendu vingt-cinq mille. Je suis prêt à le reprendre pour dix-huit mille, quand vous m'aurez indiqué,
140 pour obéir aux prescriptions légales[2], comment vous en êtes détenteur[3]. » Cette fois, M. Lantin s'assit perclus[4] d'étonnement. Il reprit : « Mais... mais, examinez-le bien attentivement, monsieur, j'avais cru jusqu'ici qu'il était en... faux. »

Le joaillier[5] reprit : « Voulez-vous me dire votre nom,
145 monsieur ?

– Parfaitement. Je m'appelle Lantin, je suis employé au ministère de l'Intérieur, je demeure 16, rue des Martyrs. »

Le marchand ouvrit ses registres, rechercha, et prononça : « Ce collier a été envoyé en effet à l'adresse de Mme Lantin, 16, rue
150 des Martyrs, le 20 juillet 1876. »

Et les deux hommes se regardèrent dans les yeux, l'employé éperdu de surprise, l'orfèvre[6] flairant un voleur.

---

notes

1. **idiot** : ahuri.
2. **légales** : conformes à la loi, au règlement.
3. **détenteur** : possesseur, propriétaire.
4. **perclus** : paralysé, engourdi.

5. **joaillier** : bijoutier spécialisé dans les grosses pierres.
6. **orfèvre** : personne qui réalise ou vend des objets en or ou en argent.

Celui-ci reprit : « Voulez-vous me laisser cet objet pendant vingt-quatre heures seulement, je vais vous en donner un reçu ? »

155 M. Lantin balbutia : « Mais oui, certainement. » Et il sortit en pliant le papier qu'il mit dans sa poche.

Puis il traversa la rue, la remonta, s'aperçut qu'il se trompait de route, redescendit aux Tuileries, passa la Seine, reconnut encore son erreur, revint aux Champs-Élysées sans une idée nette dans la

160 tête. Il s'efforçait de raisonner, de comprendre. Sa femme n'avait pu acheter un objet d'une pareille valeur. – Non, certes. – Mais alors, c'était un cadeau ! Un cadeau ! Un cadeau de qui ? Pourquoi ?

Il s'était arrêté, et il demeurait debout au milieu de l'avenue. Le

165 doute horrible l'effleura. – Elle ? – Mais alors tous les autres bijoux étaient aussi des cadeaux ! Il lui sembla que la terre remuait ; qu'un arbre, devant lui, s'abattait ; il étendit les bras et s'écroula, privé de sentiment.

Il reprit connaissance dans la boutique d'un pharmacien où les

170 passants l'avaient porté. Il se fit reconduire chez lui, et s'enferma.

Jusqu'à la nuit il pleura éperdument, mordant un mouchoir pour ne pas crier. Puis il se mit au lit accablé de fatigue et de chagrin, et il dormit d'un seul pesant sommeil.

Un rayon de soleil le réveilla, et il se leva lentement pour aller

175 à son ministère. C'était dur de travailler après de pareilles secousses. Il réfléchit alors qu'il pouvait s'excuser auprès de son chef ; et il lui écrivit. Puis il songea qu'il fallait retourner chez le bijoutier ; et une honte l'empourpra. Il demeura longtemps à réfléchir. Il ne pouvait pourtant pas laisser le collier chez cet

180 homme, il s'habilla et sortit.

Il faisait beau, le ciel bleu s'étendait sur la ville qui semblait sourire. Des flâneurs allaient devant eux, les mains dans leurs poches.

Lantin se dit, en les regardant passer : « Comme on est heureux

185 quand on a de la fortune ! Avec de l'argent on peut secouer jusqu'aux chagrins, on va où l'on veut, on voyage, on se distrait ! Oh ! si j'étais riche ! »

Il s'aperçut qu'il avait faim, n'ayant pas mangé depuis l'avant-veille. Mais sa poche était vide, et il se ressouvint du collier. Dix-huit mille francs ! Dix-huit mille francs ! c'était une somme, cela !

Il gagna la rue de la Paix et commença à se promener de long en large sur le trottoir, en face de la boutique. Dix-huit mille francs ! Vingt fois il faillit entrer ; mais la honte l'arrêtait toujours.

Il avait faim pourtant, grand-faim, et pas un sou. Il se décida brusquement, traversa la rue en courant pour ne pas se laisser le temps de réfléchir, et il se précipita chez l'orfèvre.

Dès qu'il l'aperçut, le marchand s'empressa, offrit un siège avec une politesse souriante. Les commis eux-mêmes arrivèrent, qui regardaient de côté Lantin, avec des gaietés dans les yeux et sur les lèvres.

Le bijoutier déclara : « Je me suis renseigné, monsieur, et si vous êtes toujours dans les mêmes dispositions, je suis prêt à vous payer la somme que je vous ai proposée. »

L'employé balbutia : « Mais certainement. »

L'orfèvre tira d'un tiroir dix-huit grands billets, les compta, les tendit à Lantin, qui signa un petit reçu et mit d'une main frémissante l'argent dans sa poche.

Puis, comme il allait sortir, il se retourna vers le marchand qui souriait toujours et, baissant les yeux : « J'ai... j'ai d'autres bijoux... qui me viennent... de la même succession. Vous conviendrait-il de me les acheter aussi ? »

Le marchand s'inclina : « Mais certainement, monsieur. » Un des commis sortit pour rire à son aise ; un autre se mouchait avec force.

Lantin impassible, rouge et grave, annonça : « Je vais vous les apporter. »

Et il prit un fiacre[1] pour aller chercher les joyaux.

1. **fiacre** : carrosse, voiture à cheval qui faisait office de taxi.

220 Quand il revint chez le marchand, une heure plus tard, il n'avait pas encore déjeuné. Ils se mirent à examiner les objets pièce à pièce, évaluant chacun. Presque tous venaient de la maison.

Lantin, maintenant, discutait les estimations, se fâchait, exigeait qu'on lui montrât les livres de vente, et parlait de plus en plus haut à mesure que s'élevait la somme.

225 Les gros brillants d'oreilles valent vingt mille francs, les bracelets trente-cinq mille, les broches, bagues et médaillons seize mille, une parure d'émeraudes et de saphirs quatorze mille ; un solitaire[1] suspendu à une chaîne d'or formant collier quarante mille ; le tout atteignant le chiffre de cent quatre-vingt-seize 230 mille francs[2].

Le marchand déclara avec une bonhomie[3] railleuse[4] : « Cela vient d'une personne qui mettait toutes ses économies en bijoux. »

Lantin prononça gravement : « C'est une manière comme une 235 autre de placer son argent. » Et il s'en alla après avoir décidé avec l'acquéreur qu'une contre-expertise[5] aurait lieu le lendemain.

Quand il se trouva dans la rue, il regarda la colonne Vendôme[6] avec l'envie d'y grimper, comme si c'eût été un mât de cocagne[7]. Il se sentait léger à jouer à saute-mouton par-dessus la statue de 240 l'Empereur perché là-haut dans le ciel.

Il alla déjeuner chez Voisin et but du vin à vingt francs la bouteille.

Puis il prit un fiacre et fit un tour au Bois[8]. Il regardait les équipages avec un certain mépris, oppressé du désir de crier aux 245 passants : « Je suis riche aussi, moi. J'ai deux cent mille francs ! »

---

notes

1. solitaire : diamant monté seul sur une bague.
2. cent quatre-vingt-seize mille francs : soit plus de 2 millions de dollars canadiens.
3. bonhomie : simplicité, gentillesse naïve.
4. railleuse : moqueuse, ironique.
5. contre-expertise : vérification.
6. colonne Vendôme : monument parisien, décoré de bas-reliefs et de trophées illustrant des scènes de bataille. Cette colonne a été érigée par Napoléon pour commémorer la bataille d'Austerlitz.
7. mât de cocagne : pendant les fêtes, mât lisse et élevé portant à son sommet divers objets que s'approprie celui qui peut y grimper.
8. au Bois : il s'agit du bois de Boulogne, situé dans le XVIe arrondissement de Paris.

Le souvenir de son ministère lui revint. Il s'y fit conduire, entra délibérément chez son chef et annonça : « Je viens, monsieur, vous donner ma démission. J'ai fait un héritage de trois cent mille francs. » Il alla serrer la main de ses anciens collègues et leur confia ses projets d'existence nouvelle ; puis il dîna au café Anglais.

Se trouvant à côté d'un monsieur qui lui parut distingué, il ne put résister à la démangeaison de lui confier, avec une certaine coquetterie, qu'il venait d'hériter de quatre cent mille francs.

Pour la première fois de sa vie il ne s'ennuya pas au théâtre, et il passa sa nuit avec des filles.

Six mois plus tard il se remariait. Sa seconde femme était très honnête, mais d'un caractère difficile. Elle le fit beaucoup souffrir.

La comtesse d'Haussonville, tableau de Jean-Auguste-Dominique Ingres, 1845.

La Parure

C'était une de ces jolies et charmantes filles, nées, comme par une erreur du destin, dans une famille d'employés. Elle n'avait pas de dot, pas d'espérances, aucun moyen d'être connue, comprise, aimée, épousée par un homme riche et distingué ; et elle se laissa marier avec un petit commis du Ministère de l'instruction publique.

Elle fut simple ne pouvant être parée, mais malheureuse comme une déclassée ; car les femmes n'ont point de caste ni de race, leur beauté, leur grâce et leur charme leur servant de naissance et de famille. Leur finesse native, leur instinct d'élégance, leur souplesse d'esprit, sont leur seule hiérarchie, et font des filles du peuple les égales des plus grandes dames.

Elle souffrait sans cesse, se sentant née pour toutes les délicatesses et tous les luxes. Elle souffrait de la pauvreté de son logement, de la misère des murs, de l'usure des sièges, de la laideur des étoffes. Toutes ces choses, dont une autre femme de sa caste ne se serait même pas aperçue, la torturaient et l'indignaient. La vue de la petite Bretonne qui faisait son humble ménage éveillait en elle des regrets désolés et des rêves éperdus. Elle songeait aux antichambres muettes, capitonnées avec des tentures orientales, éclairées par de hautes torchères de bronze, et aux deux grands valets en culotte courte qui dorment dans les larges fauteuils, assoupis par la chaleur lourde du calorifère. Elle songeait aux grands salons vêtus de soie ancienne, aux meubles fins portant des bibelots inestimables, et aux petits salons coquets parfumés, faits pour la causerie de cinq heures avec les amis les plus intimes, les hommes connus et recherchés dont toutes les femmes envient et désirent l'attention.

Quand elle s'asseyait, pour dîner, devant la table ronde couverte d'une nappe de trois jours, en face de son mari qui découvrait la

57

soupière en déclarant d'un air enchanté : « Ah ! le bon pot-au-feu ! je ne sais rien de meilleur que cela... » elle songeait aux dîners fins, aux argenteries reluisantes, aux tapisseries peuplant les murailles de personnages anciens et d'oiseaux étranges au milieu d'une forêt de féerie ; elle songeait aux plats exquis servis en des vaisselles merveilleuses, aux galanteries chuchotées et écoutées avec un sourire de sphinx, tout en mangeant la chair rose d'une truite ou des ailes de gélinotte.

Elle n'avait pas de toilettes, pas de bijoux, rien. Et elle n'aimait que cela ; elle se sentait faite pour cela. Elle eût tant désiré plaire, être enviée, être séduisante et recherchée.

Elle avait une amie riche, une camarade de couvent qu'elle ne voulait plus aller voir, tant elle souffrait en revenant. Et elle pleurait pendant des jours entiers, de chagrin, de regret, de désespoir et de détresse.

Or, un soir, son mari rentra, l'air glorieux, et tenant à la main une large enveloppe.

– Tiens, dit-il, voici quelque chose pour toi.

Elle déchira vivement le papier et en tira une carte imprimée qui portait ces mots :

« Le Ministre de l'instruction publique et Mme Georges Ramponneau prient M. et Mme Loisel de leur faire l'honneur de venir passer la soirée à l'hôtel du Ministère, le lundi 18 janvier. »

Au lieu d'être ravie, comme l'espérait son mari, elle jeta avec dépit l'invitation sur la table, murmurant :

– Que veux-tu que je fasse de cela ?

– Mais, ma chérie, je pensais que tu serais contente. Tu ne sors jamais, et c'est une occasion, cela, une belle ! J'ai eu une peine infinie à l'obtenir. Tout le monde en veut ; c'est très recherché et on n'en donne pas beaucoup aux employés. Tu verras là tout le monde officiel.

Elle le regardait d'un œil irrité, et elle déclara avec impatience :

– Que veux-tu que je me mette sur le dos pour aller là ?

58

Il n'y avait pas songé; il balbutia:

65 — Mais la robe avec laquelle tu vas au théâtre. Elle me semble très bien, à moi...

Il se tut, stupéfait, éperdu, en voyant que sa femme pleurait. Deux grosses larmes descendaient lentement des coins des yeux vers les coins de la bouche; il bégaya:

70 — Qu'as-tu? qu'as-tu?

Mais, par un effort violent, elle avait dompté sa peine et elle répondit d'une voix calme en essuyant ses joues humides:

— Rien. Seulement je n'ai pas de toilette et par conséquent je ne peux aller à cette fête. Donne ta carte à quelque collègue dont

75 la femme sera mieux nippée que moi.

Il était désolé. Il reprit:

— Voyons, Mathilde. Combien cela coûterait-il, une toilette convenable, qui pourrait te servir encore en d'autres occasions, quelque chose de très simple?

80 Elle réfléchit quelques secondes, établissant ses comptes et songeant aussi à la somme qu'elle pouvait demander sans s'attirer un refus immédiat et une exclamation effarée du commis économe.

Enfin, elle répondit en hésitant:

85 — Je ne sais pas au juste, mais il me semble qu'avec quatre cents francs je pourrais arriver.

Il avait un peu pâli, car il réservait juste cette somme pour acheter un fusil et s'offrir des parties de chasse, l'été suivant, dans la plaine de Nanterre, avec quelques amis qui allaient tirer des

90 alouettes, par là, le dimanche.

Il dit cependant:

— Soit. Je te donne quatre cents francs. Mais tâche d'avoir une belle robe.

Le jour de la fête approchait, et Mme Loisel semblait triste,

95 inquiète, anxieuse. Sa toilette était prête cependant. Son mari lui dit un soir:

La parure, illustration de Théophile-Alexandre Steinlen dans l'hebdomadaire illustré du journal quotidien *Gil Blas*, 1893.

— Qu'as-tu ? Voyons, tu es toute drôle depuis trois jours.

Et elle répondit :

— Cela m'ennuie de n'avoir pas un bijou, pas une pierre, rien à
mettre sur moi. J'aurai l'air misère comme tout. J'aimerais presque
mieux ne pas aller à cette soirée.

Il reprit :

— Tu mettras des fleurs naturelles. C'est très chic en cette saison-
ci. Pour dix francs tu auras deux ou trois roses magnifiques.

Elle n'était point convaincue.

— Non... il n'y a rien de plus humiliant que d'avoir l'air pauvre
au milieu de femmes riches.

Mais son mari s'écria :

— Que tu es bête ! Va trouver ton amie Mme Forestier et
demande-lui de te prêter des bijoux. Tu es bien assez liée avec elle
pour faire cela.

Elle poussa un cri de joie :

— C'est vrai. Je n'y avais point pensé.

Le lendemain, elle se rendit chez son amie et lui conta sa
détresse.

Mme Forestier alla vers son armoire à glace, prit un large coffret,
l'apporta, l'ouvrit, et dit à Mme Loisel :

— Choisis, ma chère.

Elle vit d'abord des bracelets, puis un collier de perles, puis
une croix vénitienne, or et pierreries, d'un admirable travail. Elle
essayait les parures devant la glace, hésitait, ne pouvait se décider
à les quitter, à les rendre. Elle demandait toujours :

— Tu n'as plus rien d'autre ?

— Mais si. Cherche. Je ne sais pas ce qui peut te plaire.

Tout à coup elle découvrit, dans une boîte de satin noir, une
superbe rivière de diamants ; et son cœur se mit à battre d'un désir
immodéré. Ses mains tremblaient en la prenant. Elle l'attacha
autour de sa gorge, sur sa robe montante, et demeura en extase
devant elle-même.

130 Puis, elle demanda, hésitante, pleine d'angoisse :

– Peux-tu me prêter cela, rien que cela ?

– Mais, oui, certainement.

Elle sauta au cou de son amie, l'embrassa avec emportement, puis s'enfuit avec son trésor.

135 Le jour de la fête arriva. Mme Loisel eut un succès. Elle était plus jolie que toutes, élégante, gracieuse, souriante et folle de joie. Tous les hommes la regardaient, demandaient son nom, cherchaient à être présentés. Tous les attachés du cabinet voulaient valser avec elle. Le Ministre la remarqua.

140 Elle dansait avec ivresse, avec emportement, grisée par le plaisir, ne pensant plus à rien, dans le triomphe de sa beauté, dans la gloire de son succès, dans une sorte de nuage de bonheur fait de tous ces hommages, de toutes ces admirations, de tous ces désirs éveillés, de cette victoire si complète et si douce au cœur des femmes.

145 Elle partit vers quatre heures du matin. Son mari, depuis minuit, dormait dans un petit salon désert avec trois autres messieurs dont les femmes s'amusaient beaucoup.

Il lui jeta sur les épaules les vêtements qu'il avait apportés pour la sortie, modestes vêtements de la vie ordinaire, dont la pauvreté
150 jurait avec l'élégance de la toilette de bal. Elle le sentit et voulut s'enfuir, pour ne pas être remarquée par les autres femmes qui s'enveloppaient de riches fourrures.

Loisel la retenait :

– Attends donc. Tu vas attraper froid dehors. Je vais appeler un
155 fiacre.

Mais elle ne l'écoutait point et descendait rapidement l'escalier. Lorsqu'ils furent dans la rue, ils ne trouvèrent pas de voiture ; et ils se mirent à chercher, criant après les cochers qu'ils voyaient passer de loin.

160 Ils descendaient vers la Seine, désespérés, grelottants. Enfin ils trouvèrent sur le quai un de ces vieux coupés noctambules qu'on

ne voit dans Paris que la nuit venue, comme s'ils eussent été honteux de leur misère pendant le jour.

Il les ramena jusqu'à leur porte, rue des Martyrs, et ils remontèrent tristement chez eux. C'était fini, pour elle. Et il songeait, lui, qu'il lui faudrait être au Ministère à dix heures.

Elle ôta les vêtements dont elle s'était enveloppé les épaules, devant la glace, afin de se voir encore une fois dans sa gloire. Mais soudain elle poussa un cri. Elle n'avait plus sa rivière autour du cou !

Son mari, à moitié dévêtu déjà, demanda :

– Qu'est-ce que tu as ?

Elle se tourna vers lui, affolée :

– J'ai... j'ai... je n'ai plus la rivière de Mme Forestier.

Il se dressa, éperdu :

– Quoi !... comment !... Ce n'est pas possible !

Et ils cherchèrent dans les plis de la robe, dans les plis du manteau, dans les poches, partout. Ils ne la trouvèrent point.

Il demandait :

– Tu es sûre que tu l'avais encore en quittant le bal ?

– Oui, je l'ai touchée dans le vestibule du Ministère.

– Mais, si tu l'avais perdue dans la rue, nous l'aurions entendue tomber. Elle doit être dans le fiacre.

– Oui. C'est probable. As-tu pris le numéro ?

– Non. Et toi, tu ne l'as pas regardé ?

– Non.

Ils se contemplaient atterrés. Enfin Loisel se rhabilla.

– Je vais, dit-il, refaire tout le trajet que nous avons fait à pied, pour voir si je ne la retrouverai pas.

Et il sortit. Elle demeura en toilette de soirée, sans force pour se coucher, abattue sur une chaise, sans feu, sans pensée.

Son mari rentra vers sept heures. Il n'avait rien trouvé.

Il se rendit à la Préfecture de police, aux journaux, pour faire promettre une récompense, aux compagnies de petites voitures, partout enfin où un soupçon d'espoir le poussait.

Elle attendit tout le jour, dans le même état d'effarement devant cet affreux désastre.

Loisel revint le soir, avec la figure creusée, pâlie ; il n'avait rien découvert.

— Il faut, dit-il, écrire à ton amie que tu as brisé la fermeture de sa rivière et que tu la fais réparer. Cela nous donnera le temps de nous retourner.

Elle écrivit sous sa dictée.

Au bout d'une semaine, ils avaient perdu toute espérance.

Et Loisel, vieilli de cinq ans, déclara :

— Il faut aviser à remplacer ce bijou.

Ils prirent, le lendemain, la boîte qui l'avait renfermé, et se rendirent chez le joaillier, dont le nom se trouvait dedans. Il consulta ses livres :

— Ce n'est pas moi, madame, qui ai vendu cette rivière ; j'ai dû seulement fournir l'écrin.

Alors ils allèrent de bijoutier en bijoutier, cherchant une parure pareille à l'autre, consultant leurs souvenirs, malades tous deux de chagrin et d'angoisse.

Ils trouvèrent, dans une boutique du Palais-Royal, un chapelet de diamants qui leur parut entièrement semblable à celui qu'ils cherchaient. Il valait quarante mille francs. On le leur laisserait à trente-six mille.

Ils prièrent donc le joaillier de ne pas le vendre avant trois jours.

Et ils firent condition qu'on le reprendrait, pour trente-quatre mille francs, si le premier était retrouvé avant la fin de février.

Loisel possédait dix-huit mille francs que lui avait laissés son père. Il emprunterait le reste.

Il emprunta, demandant mille francs à l'un, cinq cents à l'autre,
cinq louis par-ci, trois louis par-là. Il fit des billets, prit des
engagements ruineux, eut affaire aux usuriers, à toutes les races
de prêteurs. Il compromit toute la fin de son existence, risqua
sa signature sans savoir même s'il pourrait y faire honneur, et,
épouvanté par les angoisses de l'avenir, par la noire misère qui
allait s'abattre sur lui, par la perspective de toutes les privations
physiques et de toutes les tortures morales, il alla chercher
la rivière nouvelle, en déposant sur le comptoir du marchand
trente-six mille francs.

Quand Mme Loisel reporta la parure à Mme Forestier, celle-ci lui
dit, d'un air froissé :

– Tu aurais dû me la rendre plus tôt, car je pouvais en avoir
besoin.

Elle n'ouvrit pas l'écrin, ce que redoutait son amie. Si elle
s'était aperçue de la substitution, qu'aurait-elle pensé ? qu'aurait-
elle dit ? Ne l'aurait-elle pas prise pour une voleuse ?

Mme Loisel connut la vie horrible des nécessiteux. Elle prit son
parti, d'ailleurs, tout d'un coup, héroïquement. Il fallait payer cette
dette effroyable. Elle payerait. On renvoya la bonne ; on changea
de logement ; on loua sous les toits une mansarde.

Elle connut les gros travaux du ménage, les odieuses besognes
de la cuisine. Elle lava la vaisselle, usant ses ongles roses sur les
poteries grasses et le fond des casseroles. Elle savonna le linge sale,
les chemises et les torchons, qu'elle faisait sécher sur une corde ;
elle descendit à la rue, chaque matin, les ordures, et monta l'eau,
s'arrêtant à chaque étage pour souffler. Et, vêtue comme une
femme du peuple, elle alla chez le fruitier, chez l'épicier, chez le
boucher, le panier au bras, marchandant, injuriée, défendant sou
à sou son misérable argent.

Il fallait chaque mois payer des billets, en renouveler d'autres, obtenir du temps.

Le mari travaillait le soir à mettre au net les comptes d'un commerçant, et la nuit, souvent, il faisait de la copie à cinq sous la page.

Et cette vie dura dix ans.

Au bout de dix ans, ils avaient tout restitué, tout, avec le taux de l'usure, et l'accumulation des intérêts superposés.

Mme Loisel semblait vieille, maintenant. Elle était devenue la femme forte, et dure, et rude, des ménages pauvres. Mal peignée, avec les jupes de travers et les mains rouges, elle parlait haut, lavait à grande eau les planchers. Mais parfois, lorsque son mari était au bureau, elle s'asseyait auprès de la fenêtre, et elle songeait à cette soirée d'autrefois, à ce bal, où elle avait été si belle et si fêtée.

Que serait-il arrivé si elle n'avait point perdu cette parure ? Qui sait ? qui sait ? Comme la vie est singulière, changeante ! Comme il faut peu de chose pour vous perdre ou vous sauver !

Or, un dimanche, comme elle était allée faire un tour aux Champs-Élysées pour se délasser des besognes de la semaine, elle aperçut tout à coup une femme qui promenait un enfant. C'était Mme Forestier, toujours jeune, toujours belle, toujours séduisante.

Mme Loisel se sentit émue. Allait-elle lui parler ? Oui, certes. Et maintenant qu'elle avait payé, elle lui dirait tout. Pourquoi pas ?

Elle s'approcha.

– Bonjour, Jeanne.

L'autre ne la reconnaissait point, s'étonnant d'être appelée ainsi familièrement par cette bourgeoise. Elle balbutia :

– Mais... madame !... Je ne sais... Vous devez vous tromper.

– Non. Je suis Mathilde Loisel.

Son amie poussa un cri :

– Oh !... ma pauvre Mathilde, comme tu es changée !...

– Oui, j'ai eu des jours bien durs, depuis que je ne t'ai vue ; et bien des misères... et cela à cause de toi!...

— De moi... Comment ça?

— Tu te rappelles bien cette rivière de diamants que tu m'as prêtée pour aller à la fête du Ministère.

290 — Oui. Eh bien?

— Eh bien, je l'ai perdue.

— Comment! puisque tu me l'as rapportée.

— Je t'en ai rapporté une autre toute pareille. Et voilà dix ans que nous la payons. Tu comprends que ça n'était pas aisé pour nous,

295 qui n'avions rien... Enfin c'est fini, et je suis rudement contente.

Mme Forestier s'était arrêtée.

— Tu dis que tu as acheté une rivière de diamants pour remplacer la mienne?

— Oui. Tu ne t'en étais pas aperçue, hein? Elles étaient bien

300 pareilles.

Et elle souriait d'une joie orgueilleuse et naïve.

Mme Forestier, fort émue, lui prit les deux mains.

— Oh! ma pauvre Mathilde! Mais la mienne était fausse. Elle valait au plus cinq cents francs!...

Les paysans de Flagey revenant de la foire, tableau de Gustave Courbet, 1850.

La Ficelle

À Harry Alis.

Sur toutes les routes autour de Goderville[1], les paysans et leurs femmes s'en venaient vers le bourg ; car c'était jour de marché. Les mâles allaient, à pas tranquilles, tout le corps en avant à chaque mouvement de leurs longues jambes torses[2], déformées par les rudes travaux, par la pesée sur la charrue qui fait en même temps monter l'épaule gauche et dévier la taille, par le fauchage des blés qui fait écarter les genoux pour prendre un aplomb solide, par toutes les besognes lentes et pénibles de la campagne. Leur blouse bleue, empesée[3], brillante, comme vernie, ornée au col et aux poignets d'un petit dessin de fil blanc, gonflée autour de leur torse osseux, semblait un ballon prêt à s'envoler, d'où sortaient une tête, deux bras et deux pieds.

Les uns tiraient au bout d'une corde une vache, un veau. Et leurs femmes, derrière l'animal, lui fouettaient les reins d'une branche encore garnie de feuilles, pour hâter sa marche. Elles portaient au bras de larges paniers d'où sortaient des têtes de poulets par-ci, des têtes de canards par-là. Et elles marchaient d'un pas plus court et plus vif que leurs hommes, la taille sèche, droite et drapée dans un petit châle étriqué, épinglé sur leur poitrine plate, la tête enveloppée d'un linge blanc collé sur les cheveux et surmontée d'un bonnet.

Puis, un char à bancs[4] passait, au trot saccadé d'un bidet[5], secouant étrangement deux hommes assis côte à côte et une femme dans le fond du véhicule, dont elle tenait le bord pour atténuer les durs cahots.

Sur la place de Goderville, c'était une foule, une cohue d'humains et de bêtes mélangés. Les cornes de bœufs, les hauts

notes

1. Goderville : tous les villages de ce conte sont situés entre Fécamp et Étretat (Normandie).
2. torses : tordues.
3. empesée : raidie par de l'empois.

4. char à bancs : longue voiture ouverte de tous côtés et garnie de bancs.
5. bidet : cheval de petite taille.

69

chapéaux à longs poils des paysans riches et les coiffes des paysannes émergeaient à la surface de l'assemblée. Et les voix
30 criardes, aiguës, glapissantes[1], formaient une clameur continue et sauvage que dominait parfois un grand éclat poussé par la robuste poitrine d'un campagnard en gaieté, ou le long meuglement d'une vache attachée au mur d'une maison.

Tout cela sentait l'étable, le lait et le fumier, le foin et la sueur,
35 dégageait cette saveur aigre, affreuse, humaine et bestiale, particulière aux gens des champs.

Maître Hauchecorne, de Bréauté[2], venait d'arriver à Goderville, et il se dirigeait vers la place, quand il aperçut par terre un petit bout de ficelle. Maître Hauchecorne, économe en vrai
40 Normand, pensa que tout était bon à ramasser qui peut servir ; et il se baissa péniblement, car il souffrait de rhumatismes. Il prit, par terre, le morceau de corde mince, et il se disposait à le rouler avec soin, quand il remarqua, sur le seuil de sa porte, maître Malandain, le bourrelier[3], qui le regardait. Ils avaient eu des
45 affaires ensemble au sujet d'un licol[4], autrefois, et ils étaient restés fâchés, étant rancuniers tous deux. Maître Hauchecorne fut pris d'une sorte de honte d'être vu ainsi, par son ennemi, cherchant dans la crotte un bout de ficelle. Il cacha brusquement sa trouvaille sous sa blouse, puis dans la poche de sa culotte, puis il
50 fit semblant de chercher encore par terre quelque chose qu'il ne trouvait point, et il s'en alla vers le marché, la tête en avant, courbé en deux par ses douleurs.

Il se perdit aussitôt dans la foule criarde et lente, agitée par les interminables marchandages. Les paysans tâtaient les vaches, s'en
55 allaient, revenaient, perplexes, toujours dans la crainte d'être mis dedans, n'osant jamais se décider, épiant l'œil du vendeur, cherchant sans fin à découvrir la ruse de l'homme et le défaut de la bête.

notes

1. **glapissantes :** aboyantes.
2. **Bréauté :** village français, situé dans le département de la Seine-Maritime, région de Haute-Normandie.
3. **bourrelier :** ouvrier qui fait des harnais pour les chevaux et les bêtes de somme.
4. **licol :** harnais pour les têtes de bestiaux afin de les atteler.

Les femmes, ayant posé à leurs pieds leurs grands paniers, en
60 avaient tiré leurs volailles qui gisaient par terre, liées par les pattes,
l'œil effaré, la crête écarlate.

Elles écoutaient les propositions, maintenaient leurs prix, l'air
sec, le visage impassible ; ou bien tout à coup, se décidant au
rabais proposé, criaient au client qui s'éloignait lentement :

65 « C'est dit, maît' Anthime. J'vous l'donne. »

Puis, peu à peu, la place se dépeupla, et l'*Angelus*[1] sonnant midi,
ceux qui demeuraient trop loin se répandirent dans les auberges.

Chez Jourdain, la grande salle était pleine de mangeurs, comme
la vaste cour était pleine de véhicules de toute race, charrettes,
70 cabriolets, chars à bancs, tilburys[2], carrioles innommables, jaunes
de crotte, déformées, rapiécées, levant au ciel, comme deux bras,
leurs brancards, ou bien le nez par terre et le derrière en l'air.

Tout contre les dîneurs attablés, l'immense cheminée, pleine
de flamme claire, jetait une chaleur vive dans le dos de la rangée
75 de droite. Trois broches tournaient, chargées de poulets, de
pigeons et de gigots ; et une délectable[3] odeur de viande rôtie et
de jus ruisselant sur la peau rissolée, s'envolait de l'âtre, allumait
les gaietés, mouillait les bouches.

Toute l'aristocratie de la charrue mangeait là, chez maît'
80 Jourdain, aubergiste et maquignon[4], un malin qui avait des écus.

Les plats passaient, se vidaient comme les brocs de cidre jaune.
Chacun racontait ses affaires, ses achats et ses ventes. On prenait
des nouvelles des récoltes. Le temps était bon pour les verts, mais
un peu mucre[5] pour les blés.

85 Tout à coup, le tambour roula, dans la cour, devant la maison.
Tout le monde aussitôt fut debout, sauf quelques indifférents, et
on courut à la porte, aux fenêtres, la bouche encore pleine et la
serviette à la main.

notes
_____

1. *Angelus* : signal donné par la cloche d'une
église au moment où l'on doit faire une prière
qui se dit le matin, le midi et le soir.
2. **tilburys** : cabriolets légers et découverts.

3. **délectable** : savoureuse, délicieuse.
4. **maquignon** : marchand de chevaux ; par
extension, trafiquant.
5. **mucre** : humide (patois normand).

Après qu'il eut terminé son roulement, le crieur public[1] lança
d'une voix saccadée, scandant[2] ses phrases à contretemps :

« Il est fait assavoir[3] aux habitants de Goderville, et en général
à toutes – les personnes présentes au marché, qu'il a été perdu ce
matin, sur la route de Beuzeville, entre – neuf heures et dix
heures, un portefeuille en cuir noir, contenant cinq cents francs
et des papiers d'affaires. On est prié de le rapporter – à la mairie,
incontinent[4], ou chez maître Fortuné Houlbrèque, de Manneville. Il y aura vingt francs de récompense. »

Puis l'homme s'en alla. On entendit encore une fois au loin les
battements sourds de l'instrument et la voix affaiblie du crieur.

Alors on se mit à parler de cet événement, en énumérant les
chances qu'avait maître Houlbrèque de retrouver ou de ne pas
retrouver son portefeuille.

Et le repas s'acheva.

On finissait le café, quand le brigadier de gendarmerie parut sur
le seuil.

Il demanda :

« Maître Hauchecorne, de Bréauté, est-il ici ? »

Maître Hauchecorne, assis à l'autre bout de la table, répondit :
« Me v'là. »

Et le brigadier reprit :

« Maître Hauchecorne, voulez-vous avoir la complaisance de
m'accompagner à la mairie. M. le maire voudrait vous parler. »

Le paysan, surpris, inquiet, avala d'un coup son petit verre, se
leva et, plus courbé encore que le matin, car les premiers pas après
chaque repos étaient particulièrement difficiles, il se mit en route
en répétant :

« Me v'là, me v'là. »

Et il suivit le brigadier.

notes

1. crieur public : homme chargé de proclamer les édits et ordonnances à travers les villes et villages.
2. scandant : parlant en détachant les syllabes et, ici, les phrases (afin d'être audible).
3. assavoir : connaissance (vieux mot).
4. incontinent : sur-le-champ, tout de suite.

Le maire l'attendait, assis dans un fauteuil. C'était le notaire de
120 l'endroit, homme gros, grave, à phrases pompeuses.

« Maître Hauchecorne, dit-il, on vous a vu ce matin ramasser,
sur la route de Beuzeville, le portefeuille perdu par maître
Houlbrèque, de Manneville. »

Le campagnard, interdit[1], regardait le maire, apeuré déjà par ce
125 soupçon qui pesait sur lui, sans qu'il comprît pourquoi.

« Mé, mé, j'ai ramassé çu portafeuille ?

– Oui, vous-même.

– Parole d'honneur, je n'en ai seulement point eu connaissance.

130 – On vous a vu.

– On m'a vu, mé ? Qui ça qui m'a vu ?

– M. Malandain, le bourrelier. »

Alors le vieux se rappela, comprit et, rougissant de colère :

« Ah ! i m'a vu, çu manant ! I m'a vu ramasser c'te ficelle-là,
135 tenez, m'sieu le Maire. »

Et, fouillant au fond de sa poche, il en retira le petit bout de
corde.

Mais le maire, incrédule, remuait la tête.

« Vous ne me ferez pas accroire[2], maître Hauchecorne, que
140 M. Malandain, qui est un homme digne de foi, a pris ce fil pour
un portefeuille. »

Le paysan, furieux, leva la main, cracha de côté pour attester
son honneur, répétant :

« C'est pourtant la vérité du bon Dieu, la sainte vérité, m'sieu
145 le Maire. Là, sur mon âme et mon salut, je l'répète. »

Le maire reprit :

« Après avoir ramassé l'objet, vous avez même encore cherché
longtemps dans la boue, si quelque pièce de monnaie ne s'en était
pas échappée. »

notes

1. **interdit** : ébahi, stupéfait.
2. **Vous ne me ferez pas accroire** : vous ne me
ferez pas avaler (s'emploie à propos de choses

fausses). Cette expression populaire est aussi
en vigueur au Québec.

150   Le bonhomme suffoquait d'indignation et de peur.

« Si on peut dire !... Si on peut dire... des menteries[1] comme ça pour dénaturer un honnête homme ! Si on peut dire !... »

Il eut beau protester, on ne le crut pas.

Il fut confronté avec M. Malandain, qui répéta et soutint son
155 affirmation. Ils s'injurièrent une heure durant.

On fouilla, sur sa demande, maître Hauchecorne. On ne trouva rien sur lui.

Enfin, le maire, fort perplexe, le renvoya en le prévenant qu'il allait aviser le parquet[2] et demander des ordres.

160   La nouvelle s'était répandue. À sa sortie de la mairie, le vieux fut entouré, interrogé avec une curiosité sérieuse ou goguenarde[3], mais où n'entrait aucune indignation. Et il se mit à raconter l'histoire de la ficelle. On ne le crut pas. On riait.

Il allait, arrêté par tous, arrêtant ses connaissances, recommen-
165 çant sans fin son récit et ses protestations, montrant ses poches retournées, pour prouver qu'il n'avait rien.

On lui disait :

« Vieux malin, va ! »

Et il se fâchait, s'exaspérant, enfiévré, désolé de n'être pas cru,
170 ne sachant que faire, et contant toujours son histoire.

La nuit vint. Il fallait partir. Il se mit en route avec trois voisins à qui il montra la place où il avait ramassé le bout de corde ; et tout le long du chemin il parla de son aventure.

Le soir, il fit une tournée dans le village de Bréauté, afin de la
175 dire à tout le monde. Il ne rencontra que des incrédules.

Il en fut malade toute la nuit.

Le lendemain, vers une heure de l'après-midi, Marius Paumelle, valet de ferme de maître Breton, cultivateur à

notes

1. **menteries** : mensonges, calomnies (*mente*, patois normand). Aussi employé au Québec.
2. **parquet** : la partie d'une salle de justice où se tiennent les juges ; par extension, tribunal, ministère public.

3. **goguenarde** : moqueuse, ironique.

Ymauville, rendait le portefeuille et son contenu à maître Houlbrèque, de Manneville.

Cet homme prétendait avoir, en effet, trouvé l'objet sur la
route ; mais, ne sachant pas lire, il l'avait rapporté à la maison et
donné à son patron.

La nouvelle se répandit aux environs. Maître Hauchecorne en
fut informé. Il se mit aussitôt en tournée et commença à narrer
son histoire complétée du dénouement. Il triomphait.

« C' qui m' faisait deuil, disait-il, c'est point tant la chose,
comprenez-vous ; mais c'est la menterie. Y a rien qui vous nuit
comme d'être en réprobation[1] pour une menterie. »

Tout le jour il parlait de son aventure, il la contait sur les routes
aux gens qui passaient, au cabaret aux gens qui buvaient, à la
sortie de l'église le dimanche suivant. Il arrêtait des inconnus pour
la leur dire. Maintenant, il était tranquille, et pourtant quelque
chose le gênait sans qu'il sût au juste ce que c'était. On avait l'air
de plaisanter en l'écoutant. On ne paraissait pas convaincu. Il lui
semblait sentir des propos derrière son dos.

Le mardi de l'autre semaine, il se rendit au marché de Goderville, uniquement poussé par le besoin de conter son cas.

Malandain, debout sur sa porte, se mit à rire en le voyant passer.
Pourquoi ?

Il aborda un fermier de Criquetot, qui ne le laissa pas achever
et, lui jetant une tape dans le creux de son ventre, lui cria par la
figure : « Gros malin, va ! » Puis il tourna les talons.

Maître Hauchecorne demeura interdit et de plus en plus
inquiet. Pourquoi l'avait-on appelé « gros malin » ?

Quand il fut assis à table, dans l'auberge de Jourdain, il se remit
à expliquer l'affaire.

Un maquignon de Montivilliers lui cria :

« Allons, allons, vieille pratique[2], je la connais, ta ficelle ! »

notes

| **1. réprobation** : action de réprouver, de rejeter. | **2. vieille pratique** : gros malin.

75

210   Hauchecorne balbutia :

« Puisqu'on l'a retrouvé, çu portafeuille ! »

Mais l'autre reprit :

« Tais-té, mon pé, y en a un qui trouve, et y en a un qui r'porte. Ni vu ni connu, je t'embrouille. »

215   Le paysan resta suffoqué. Il comprenait enfin. On l'accusait d'avoir fait reporter le portefeuille par un compère, par un complice.

Il voulut protester. Toute la table se mit à rire.

Il ne put achever son dîner et s'en alla, au milieu des moqueries.

220   Il rentra chez lui, honteux et indigné, étranglé par la colère, par la confusion, d'autant plus atterré qu'il était capable, avec sa finauderie[1] de Normand, de faire ce dont on l'accusait, et même de s'en vanter comme d'un bon tour. Son innocence lui apparaissait confusément comme impossible à prouver, sa malice étant

225 connue. Et il se sentait frappé au cœur par l'injustice du soupçon.

Alors il recommença à conter l'aventure, en allongeant chaque jour son récit, ajoutant chaque fois des raisons nouvelles, des protestations plus énergiques, des serments plus solennels qu'il imaginait, qu'il préparait dans ses heures de solitude, l'esprit

230 uniquement occupé de l'histoire de la ficelle. On le croyait d'autant moins que sa défense était plus compliquée et son argumentation plus subtile.

« Ça, c'est des raisons d'menteux », disait-on derrière son dos.

Il le sentait, se rongeait les sangs, s'épuisait en efforts inutiles.

235   Il dépérissait à vue d'œil.

Les plaisants maintenant lui faisaient conter « la Ficelle » pour s'amuser, comme on fait conter sa bataille au soldat qui a fait campagne. Son esprit, atteint à fond, s'affaiblissait.

Vers la fin de décembre, il s'alita[2].

notes

1. **finauderie** : manière de finaud, de rusé qui cache son jeu sous un air de simplicité ; roublardise.

2. **s'alita** : se mit au lit.

240   Il mourut dans les premiers jours de janvier, et, dans le délire de l'agonie, il attestait son innocence, répétant :

« Une 'tite ficelle... une 'tite ficelle... t'nez, la voilà, m'sieu le maire. »

Autoportrait à la cigarette, tableau d'Edvard Munch, 1895.

Récits fantastiques

Le Horla
[version de 1887]

8 mai. – Quelle journée admirable ! J'ai passé toute la matinée
étendu sur l'herbe, devant ma maison, sous l'énorme platane qui
la couvre, l'abrite et l'ombrage tout entière. J'aime ce pays, et
j'aime y vivre parce que j'y ai mes racines, ces profondes et
délicates racines, qui attachent un homme à la terre où sont nés et
morts ses aïeux, qui l'attachent à ce qu'on pense et à ce qu'on
mange, aux usages comme aux nourritures, aux locutions locales,
aux intonations des paysans, aux odeurs du sol, des villages et de
l'air lui-même.

J'aime ma maison où j'ai grandi. De mes fenêtres, je vois la
Seine qui coule, le long de mon jardin, derrière la route, presque
chez moi, la grande et large Seine, qui va de Rouen au Havre,
couverte de bateaux qui passent.

À gauche, là-bas, Rouen, la vaste ville aux toits bleus, sous le
peuple pointu des clochers gothiques. Ils sont innombrables,
frêles ou larges, dominés par la flèche de fonte de la cathédrale, et

pleins de cloches qui sonnent dans l'air bleu des belles matinées, jetant jusqu'à moi leur doux et lointain bourdonnement de fer, leur chant d'airain[1] que la brise m'apporte, tantôt plus fort et
20 tantôt plus affaibli, suivant qu'elle s'éveille ou s'assoupit.

Comme il faisait bon ce matin !

Vers onze heures, un long convoi de navires, traînés par un remorqueur, gros comme une mouche, et qui râlait de peine en vomissant une fumée épaisse, défila devant ma grille.

25 Après deux goélettes[2] anglaises, dont le pavillon rouge ondoyait sur le ciel, venait un superbe trois-mâts brésilien, tout blanc, admirablement propre et luisant. Je le saluai, je ne sais pourquoi, tant ce navire me fit plaisir à voir.

12 mai. – J'ai un peu de fièvre depuis quelques jours ; je me
30 sens souffrant, ou plutôt je me sens triste.

D'où viennent ces influences mystérieuses qui changent en découragement notre bonheur et notre confiance en détresse ? On dirait que l'air, l'air invisible est plein d'inconnaissables Puissances, dont nous subissons les voisinages mystérieux. Je
35 m'éveille plein de gaieté, avec des envies de chanter dans la gorge. – Pourquoi ? – Je descends le long de l'eau ; et soudain, après une courte promenade, je rentre désolé, comme si quelque malheur m'attendait chez moi. – Pourquoi ? – Est-ce un frisson de froid qui, frôlant ma peau, a ébranlé mes nerfs et assombri mon âme ?
40 Est-ce la forme des nuages, ou la couleur du jour, la couleur des choses, si variable, qui, passant par mes yeux, a troublé ma pensée ? Sait-on ? Tout ce qui nous entoure, tout ce que nous voyons sans le regarder, tout ce que nous frôlons sans le connaître, tout ce que nous touchons sans le palper, tout ce que

---

notes

1. chant d'airain : métaphore qui indique le tintement des cloches.

2. goélettes : navires légers, généralement à deux mâts, dont le mât arrière est le plus haut.

nous rencontrons sans le distinguer, a sur nous, sur nos organes et, par eux, sur nos idées, sur notre cœur lui-même, des effets rapides, surprenants et inexplicables ?

Comme il est profond, ce mystère de l'Invisible ! Nous ne le pouvons sonder avec nos sens misérables, avec nos yeux qui ne savent apercevoir ni le trop petit, ni le trop grand, ni le trop près, ni le trop loin, ni les habitants d'une étoile, ni les habitants d'une goutte d'eau... avec nos oreilles qui nous trompent, car elles nous transmettent les vibrations de l'air en notes sonores. Elles sont des fées qui font ce miracle de changer en bruit ce mouvement et par cette métamorphose donnent naissance à la musique, qui rend chantante l'agitation muette de la nature... avec notre odorat, plus faible que celui du chien... avec notre goût, qui peut à peine discerner l'âge du vin !

Ah ! si nous avions d'autres organes qui accompliraient en notre faveur d'autres miracles, que de choses nous pourrions découvrir encore autour de nous !

16 mai. – Je suis malade, décidément ! Je me portais si bien le mois dernier ! J'ai la fièvre, une fièvre atroce, ou plutôt un énervement fiévreux, qui rend mon âme aussi souffrante que mon corps ! J'ai sans cesse cette sensation affreuse d'un danger menaçant, cette appréhension d'un malheur qui vient ou de la mort qui approche, ce pressentiment qui est sans doute l'atteinte d'un mal encore inconnu, germant dans le sang et dans la chair.

18 mai. – Je viens d'aller consulter mon médecin, car je ne pouvais plus dormir. Il m'a trouvé le pouls rapide, l'œil dilaté, les nerfs vibrants, mais sans aucun symptôme alarmant. Je dois me soumettre aux douches et boire du bromure de potassium.

25 mai. – Aucun changement ! Mon état, vraiment, est bizarre. À mesure qu'approche le soir, une inquiétude incompréhensible

75 m'envahit, comme si la nuit cachait pour moi une menace terrible. Je dîne vite, puis j'essaie de lire ; mais je ne comprends pas les mots ; je distingue à peine les lettres. Je marche alors dans mon salon de long en large, sous l'oppression[1] d'une crainte confuse et irrésistible, la crainte du sommeil et la crainte du lit.

80 Vers dix heures je monte dans ma chambre. À peine entré, je donne deux tours de clef, et je pousse les verrous ; j'ai peur... de quoi ?... Je ne redoutais rien jusqu'ici... j'ouvre mes armoires, je regarde sous mon lit ; j'écoute... j'écoute... quoi ?... Est-ce étrange qu'un simple malaise, un trouble de la circulation peut-

85 être, l'irritation d'un filet nerveux, un peu de congestion[2], une toute petite perturbation dans le fonctionnement si imparfait et si délicat de notre machine vivante, puisse faire un mélancolique du plus joyeux des hommes, et un poltron[3] du plus brave ? Puis, je me couche, et j'attends le sommeil comme on attendrait le

90 bourreau. Je l'attends avec l'épouvante de sa venue, et mon cœur bat, et mes jambes frémissent ; et tout mon corps tressaille dans la chaleur des draps, jusqu'au moment où je tombe tout à coup dans le repos, comme on tomberait pour s'y noyer, dans un gouffre d'eau stagnante. Je ne le sens pas venir, comme autrefois, ce

95 sommeil perfide[4], caché près de moi, qui me guette, qui va me saisir par la tête, me fermer les yeux, m'anéantir.

Je dors – longtemps – deux ou trois heures – puis un rêve – non – un cauchemar m'étreint. Je sens bien que je suis couché et que je dors... je le sens et je le sais... et je sens aussi que quelqu'un

100 s'approche de moi, me regarde, me palpe, monte sur mon lit, s'agenouille sur ma poitrine, me prend le cou entre ses mains et serre... serre... de toute sa force pour m'étrangler.

---

notes

1. **oppression** : pression poitrinaire qui rend pénible la respiration.
2. **congestion** : afflux excessif de sang dans une partie du corps.
3. **poltron** : peureux, froussard.
4. **perfide** : infidèle ; par extension, traître.

Moi, je me débats, lié par cette impuissance atroce, qui nous paralyse dans les songes ; je veux crier, – je ne peux pas ; – je veux remuer, – je ne peux pas ; – j'essaie, avec des efforts affreux, en haletant, de me tourner, de rejeter cet être qui m'écrase et qui m'étouffe, – je ne peux pas !

Et soudain, je m'éveille, affolé, couvert de sueur. J'allume une bougie. Je suis seul.

Après cette crise, qui se renouvelle toutes les nuits, je dors enfin, avec calme, jusqu'à l'aurore.

2 juin. – Mon état s'est encore aggravé. Qu'ai-je donc ? Le bromure n'y fait rien ; les douches n'y font rien. Tantôt, pour fatiguer mon corps, si las pourtant, j'allai faire un tour dans la forêt de Roumare. Je crus d'abord que l'air frais, léger et doux, plein d'odeur d'herbes et de feuilles, me versait aux veines un sang nouveau, au cœur une énergie nouvelle. Je pris une grande avenue de chasse, puis je tournai vers La Bouille, par une allée étroite, entre deux armées d'arbres démesurément hauts qui mettaient un toit vert, épais, presque noir, entre le ciel et moi.

Un frisson me saisit soudain, non pas un frisson de froid, mais un étrange frisson d'angoisse.

Je hâtai le pas, inquiet d'être seul dans ce bois, apeuré sans raison, stupidement, par la profonde solitude. Tout à coup, il me sembla que j'étais suivi, qu'on marchait sur mes talons, tout près, à me toucher.

Je me retournai brusquement. J'étais seul. Je ne vis derrière moi que la droite et large allée, vide, haute, redoutablement vide ; et de l'autre côté elle s'étendait aussi à perte de vue, toute pareille, effrayante.

Je fermai les yeux. Pourquoi ? Et je me mis à tourner sur un talon, très vite, comme une toupie. Je faillis tomber ; je rouvris les yeux ; les arbres dansaient, la terre flottait ; je dus m'asseoir. Puis, ah ! je ne savais plus par où j'étais venu ! Bizarre idée ! Bizarre !

135 Bizarre idée! Je ne savais plus du tout. Je partis par le côté qui se trouvait à ma droite, et je revins dans l'avenue qui m'avait amené au milieu de la forêt.

3 juin. – La nuit a été horrible. Je vais m'absenter pendant quelques semaines. Un petit voyage, sans doute, me remettra.

140 *2 juillet.* – Je rentre. Je suis guéri. J'ai fait d'ailleurs une excursion charmante. J'ai visité le mont Saint-Michel[1] que je ne connaissais pas.

Quelle vision, quand on arrive, comme moi, à Avranches, vers la fin du jour! La ville est sur une colline; et on me conduisit dans
145 le jardin public, au bout de la cité. Je poussai un cri d'étonnement. Une baie démesurée s'étendait devant moi, à perte de vue, entre deux côtes écartées se perdant au loin dans les brumes; et au milieu de cette immense baie jaune, sous un ciel d'or et de clarté, s'élevait sombre et pointu un mont étrange, au milieu des
150 sables. Le soleil venait de disparaître, et sur l'horizon encore flamboyant se dessinait le profil de ce fantastique rocher qui porte sur son sommet un fantastique monument.

Dès l'aurore, j'allai vers lui. La mer était basse, comme la veille au soir, et je regardais se dresser devant moi, à mesure que
155 j'approchais d'elle, la surprenante abbaye. Après plusieurs heures de marche, j'atteignis l'énorme bloc de pierres qui porte la petite cité dominée par la grande église. Ayant gravi la rue étroite et rapide, j'entrai dans la plus admirable demeure gothique construite pour Dieu sur la terre, vaste comme une ville, pleine de
160 salles basses écrasées sous des voûtes et de hautes galeries que soutiennent de frêles colonnes. J'entrai dans ce gigantesque bijou de granit, aussi léger qu'une dentelle, couvert de tours, de sveltes

note ....

1. mont Saint-Michel: situé dans le département de la Manche et de la région de la Basse-Normandie, il tire son nom d'un îlot rocheux dédié à saint Michel et sur lequel s'élève l'abbaye du mont Saint-Michel.

clochetons, où montent des escaliers tordus, et qui lancent dans le ciel bleu des jours, dans le ciel noir des nuits, leurs têtes bizarres

165 hérissées de chimères[1], de diables, de bêtes fantastiques, de fleurs monstrueuses, et reliés l'un à l'autre par de fines arches ouvragées.

Quand je fus sur le sommet, je dis au moine qui m'accompagnait : « Mon Père, comme vous devez être bien ici ! »

Il répondit : « Il y a beaucoup de vent, monsieur » ; et nous

170 nous mîmes à causer en regardant monter la mer, qui courait sur le sable et le couvrait d'une cuirasse d'acier.

Et le moine me conta des histoires, toutes les vieilles histoires de ce lieu, des légendes, toujours des légendes.

Une d'elles me frappa beaucoup. Les gens du pays, ceux du

175 mont, prétendent qu'on entend parler la nuit dans les sables, puis qu'on entend bêler deux chèvres, l'une avec une voix forte, l'autre avec une voix faible. Les incrédules affirment que ce sont les cris des oiseaux de mer, qui ressemblent tantôt à des bêlements, et tantôt à des plaintes humaines ; mais les pêcheurs

180 attardés jurent avoir rencontré, rôdant sur les dunes, entre deux marées, autour de la petite ville jetée ainsi loin du monde, un vieux berger, dont on ne voit jamais la tête couverte de son manteau, et qui conduit, en marchant devant eux, un bouc à figure d'homme et une chèvre à figure de femme, tous deux avec

185 de longs cheveux blancs et parlant sans cesse, se querellant dans une langue inconnue, puis cessant soudain de crier pour bêler de toute leur force.

Je dis au moine : « Y croyez-vous ? »

Il murmura : « Je ne sais pas. »

190 Je repris : « S'il existait sur la terre d'autres êtres que nous, comment ne les connaîtrions-nous point depuis longtemps ;

---

note

| **1. chimères :** monstres mythologiques fabuleux mi-lions, mi-chèvres, possédant une queue de dragon et crachant des flammes.

comment ne les auriez-vous pas vus, vous? comment ne les aurais-je pas vus, moi?»

195 Il répondit: «Est-ce que nous voyons la cent millième partie de ce qui existe? Tenez, voici le vent, qui est la plus grande force de la nature, qui renverse les hommes, abat les édifices, déracine les arbres, soulève la mer en montagnes d'eau, détruit les falaises, et jette aux brisants[1] les grands navires, le vent qui tue, qui siffle, qui gémit, qui mugit, – l'avez-vous vu, et pouvez-vous le voir?
200 Il existe, pourtant.»

Je me tus devant ce simple raisonnement. Cet homme était un sage ou peut-être un sot. Je ne l'aurais pu affirmer au juste; mais je me tus. Ce qu'il disait là, je l'avais pensé souvent.

3 juillet. – J'ai mal dormi; certes, il y a ici une influence
205 fiévreuse, car mon cocher souffre du même mal que moi. En rentrant hier, j'avais remarqué sa pâleur singulière. Je lui demandai:

«Qu'est-ce que vous avez, Jean?

– J'ai que je ne peux plus me reposer, monsieur, ce sont mes
210 nuits qui mangent mes jours. Depuis le départ de monsieur, cela me tient comme un sort.»

Les autres domestiques vont bien cependant, mais j'ai grand-peur d'être repris, moi.

4 juillet. – Décidément, je suis repris. Mes cauchemars anciens
215 reviennent. Cette nuit, j'ai senti quelqu'un accroupi sur moi, et qui, sa bouche sur la mienne, buvait ma vie entre mes lèvres. Oui, il la puisait dans ma gorge, comme aurait fait une sangsue. Puis il s'est levé, repu, et moi je me suis réveillé, tellement meurtri, brisé, anéanti, que je ne pouvais plus remuer. Si cela continue
220 encore quelques jours, je repartirai certainement.

note ....

| **1. brisants**: écueils sur lesquels la mer se brise.

5 juillet. – Ai-je perdu la raison? Ce qui s'est passé, ce que j'ai vu la nuit dernière est tellement étrange, que ma tête s'égare quand j'y songe!

Comme je le fais maintenant chaque soir, j'avais fermé ma porte à clef; puis, ayant soif, je bus un demi-verre d'eau, et je remarquai par hasard que ma carafe était pleine jusqu'au bouchon de cristal.

Je me couchai ensuite et je tombai dans un de mes sommeils épouvantables, dont je fus tiré au bout de deux heures environ par une secousse plus affreuse encore.

Figurez-vous un homme qui dort, qu'on assassine, et qui se réveille, avec un couteau dans le poumon, et qui râle couvert de sang, et qui ne peut plus respirer, et qui va mourir, et qui ne comprend pas – voilà.

Ayant enfin reconquis ma raison, j'eus soif de nouveau; j'allumai une bougie et j'allais vers la table où était posée ma carafe. Je la soulevai en la penchant sur mon verre; rien ne coula. – Elle était vide! Elle était vide complètement! D'abord, je n'y compris rien; puis, tout à coup, je ressentis une émotion si terrible, que je dus m'asseoir, ou plutôt, que je tombai sur une chaise! puis, je me redressai d'un saut pour regarder autour de moi! puis je me rassis, éperdu d'étonnement et de peur, devant le cristal transparent! Je le contemplais avec des yeux fixes, cherchant à deviner. Mes mains tremblaient! On avait donc bu cette eau? Qui? Moi? moi, sans doute? Ce ne pouvait être que moi? Alors, j'étais somnambule, je vivais, sans le savoir, de cette double vie mystérieuse qui fait douter s'il y a deux êtres en nous, ou si un être étranger, inconnaissable et invisible, anime, par moments, quand notre âme est engourdie, notre corps captif qui obéit à cet autre, comme à nous-mêmes, plus qu'à nous-mêmes.

Ah! qui comprendra mon angoisse abominable? Qui comprendra l'émotion d'un homme, sain d'esprit, bien éveillé, plein de raison et qui regarde épouvanté, à travers le verre d'une

carafe, un peu d'eau disparue pendant qu'il a dormi! Et je restai
là jusqu'au jour, sans oser regagner mon lit.

6 juillet. – Je deviens fou. On a encore bu toute ma carafe cette
nuit; – ou plutôt, je l'ai bue!

Mais, est-ce moi? Est-ce moi? Qui serait-ce? Qui? Oh! mon
Dieu! Je deviens fou? Qui me sauvera?

10 juillet. – Je viens de faire des épreuves surprenantes.

Décidément, je suis fou! Et pourtant!

Le 6 juillet, avant de me coucher, j'ai placé sur ma table du vin,
du lait, de l'eau, du pain et des fraises.

On a bu – j'ai bu – toute l'eau, et un peu de lait. On n'a touché
ni au vin, ni au pain, ni aux fraises.

Le 7 juillet, j'ai renouvelé la même épreuve, qui a donné le
même résultat.

Le 8 juillet, j'ai supprimé l'eau et le lait. On n'a touché à rien.

Le 9 juillet enfin, j'ai remis sur ma table l'eau et le lait seulement, en ayant soin d'envelopper les carafes en des linges de
mousseline blanche et de ficeler les bouchons. Puis, j'ai frotté mes
lèvres, ma barbe, mes mains avec de la mine de plomb, et je me
suis couché.

L'invincible sommeil m'a saisi, suivi bientôt de l'atroce réveil.
Je n'avais point remué; mes draps eux-mêmes ne portaient pas de
taches. Je m'élançai vers ma table. Les linges enfermant les
bouteilles étaient demeurés immaculés. Je déliai les cordons, en
palpitant de crainte. On avait bu toute l'eau! on avait bu tout le
lait! Ah! mon Dieu!...

Je vais partir tout à l'heure pour Paris.

12 juillet. – Paris. J'avais donc perdu la tête les jours derniers!
J'ai dû être le jouet de mon imagination énervée, à moins que je
ne sois vraiment somnambule, ou que j'aie subi une de ces

influences constatées, mais inexplicables jusqu'ici, qu'on appelle
285 suggestions. En tout cas, mon affolement touchait à la démence,
et vingt-quatre heures de Paris ont suffi pour me remettre
d'aplomb.

Hier, après des courses et des visites, qui m'ont fait passer dans
l'âme de l'air nouveau et vivifiant, j'ai fini ma soirée au Théâtre-
290 Français. On y jouait une pièce d'Alexandre Dumas fils; et cet
esprit alerte et puissant a achevé de me guérir. Certes, la solitude
est dangereuse pour les intelligences qui travaillent. Il nous faut
autour de nous, des hommes qui pensent et qui parlent. Quand
nous sommes seuls longtemps, nous peuplons le vide de
295 fantômes.

Je suis rentré à l'hôtel très gai, par les boulevards. Au coudoie-
ment[1] de la foule, je songeais, non sans ironie, à mes terreurs, à
mes suppositions de l'autre semaine, car j'ai cru, oui, j'ai cru
qu'un être invisible habitait sous mon toit. Comme notre tête est
300 faible et s'effare, et s'égare vite, dès qu'un petit fait incompréhensible nous frappe!

Au lieu de conclure par ces simples mots: «Je ne comprends
pas parce que la cause m'échappe», nous imaginons aussitôt les
mystères effrayants et des puissances surnaturelles.

305 *14 juillet.* – Fête de la République. Je me suis promené par les
rues. Les pétards et les drapeaux m'amusaient comme un enfant.
C'est pourtant fort bête d'être joyeux, à date fixe, par décret du
gouvernement. Le peuple est un troupeau imbécile, tantôt
stupidement patient et tantôt férocement révolté. On lui dit:
310 «Amuse-toi.» Il s'amuse. On lui dit: «Va te battre avec le
voisin.» Il va se battre. On lui dit: «Vote pour l'Empereur.» Il
vote pour l'Empereur. Puis, on lui dit: «Vote pour la République.» Et il vote pour la République.

note

| **1. coudoiement**: action de heurter du coude; puis proximité et promiscuité.

315 Ceux qui le dirigent sont aussi sots ; mais au lieu d'obéir à des hommes, ils obéissent à des principes, lesquels ne peuvent être que niais, stériles et faux, par cela même qu'ils sont des principes, c'est-à-dire des idées réputées certaines et immuables, en ce monde où l'on n'est sûr de rien, puisque la lumière est une illusion, puisque le bruit est une illusion.

320 *16 juillet.* – J'ai vu hier des choses qui m'ont beaucoup troublé.

Je dînais chez ma cousine, Mme Sablé, dont le mari commande le 76e chasseurs à Limoges. Je me trouvai chez elle avec deux jeunes femmes, dont l'une a épousé un médecin, le docteur Parent, qui s'occupe beaucoup des maladies nerveuses et des
325 manifestations extraordinaires auxquelles donnent lieu en ce moment les expériences sur l'hypnotisme[1] et la suggestion[2].

Il nous raconta longtemps les résultats prodigieux obtenus par des savants anglais et par les médecins de l'école de Nancy.

Les faits qu'il avança me parurent tellement bizarres, que je me
330 déclarai tout à fait incrédule.

«Nous sommes, affirmait-il, sur le point de découvrir un des plus importants secrets de la nature, je veux dire, un de ses plus importants secrets sur cette terre ; car elle en a certes d'autrement importants, là-bas, dans les étoiles. Depuis que l'homme pense,
335 depuis qu'il sait dire et écrire sa pensée, il se sent frôlé par un mystère impénétrable pour ses sens grossiers et imparfaits, et il tâche de suppléer, par l'effort de son intelligence, à l'impuissance de ses organes. Quand cette intelligence demeurait encore à l'état rudimentaire, cette hantise des phénomènes invisibles a pris des
340 formes banalement effrayantes. De là sont nées les croyances

notes

1. **hypnotisme :** hypnose ; état proche du sommeil provoqué par le praticien afin de faire ressurgir, avec une résistance moindre, des événements enfouis et traumatiques.

2. **suggestion :** en psychologie, désigne la pensée d'un acte suggéré à un individu en état d'hypnose.

populaires au surnaturel, les légendes des esprits rôdeurs, des fées, des gnomes[1], des revenants, je dirai même la légende de Dieu, car nos conceptions de l'ouvrier-créateur, de quelque religion qu'elles nous viennent, sont bien les inventions les plus médiocres, les plus stupides, les plus inacceptables sorties du cerveau apeuré des créatures. Rien de plus vrai que cette parole de Voltaire : "Dieu a fait l'homme à son image, mais l'homme le lui a bien rendu."

«Mais, depuis un peu plus d'un siècle, on semble pressentir quelque chose de nouveau. Mesmer[2] et quelques autres nous ont mis sur une voie inattendue, et nous sommes arrivés vraiment, depuis quatre ou cinq ans surtout, à des résultats surprenants. »

Ma cousine, très incrédule aussi, souriait. Le docteur Parent lui dit : «Voulez-vous que j'essaie de vous endormir, madame ?

– Oui, je veux bien. »

Elle s'assit dans un fauteuil et il commença à la regarder fixement en la fascinant. Moi, je me sentis soudain un peu troublé, le cœur battant, la gorge serrée. Je voyais les yeux de Mme Sablé s'alourdir, sa bouche se crisper, sa poitrine haleter.

Au bout de dix minutes, elle dormait.

«Mettez-vous derrière elle», dit le médecin.

Et je m'assis derrière elle. Il lui plaça entre les mains une carte de visite en lui disant : «Ceci est un miroir ; que voyez-vous dedans ?»

Elle répondit :

«Je vois mon cousin.

– Que fait-il ?

– Il se tord la moustache. »

---

notes

1. **gnomes** : génies invisibles, qui vivent sous terre, où ils gardent des trésors.
2. **Mesmer** : médecin allemand (1734-1815), auteur de la doctrine du magnétisme animal. Il évolua à Vienne, haut lieu culturel, avant de s'installer à Paris. Sa théorie devint célèbre, mais l'Académie des sciences le récusa et il dut quitter la capitale.

— Et maintenant ?

370 — Il tire de sa poche une photographie.

— Quelle est cette photographie ?

— La sienne. »

C'était vrai ! Et cette photographie venait de m'être livrée, le soir même, à l'hôtel.

375 « Comment est-il sur ce portrait ?

— Il se tient debout avec son chapeau à la main. »

Donc elle voyait dans cette carte, dans ce carton blanc, comme elle eût vu dans une glace.

Les jeunes femmes, épouvantées, disaient : « Assez ! Assez !
380 Assez ! »

Mais le docteur ordonna : « Vous vous lèverez demain à huit heures ; puis vous irez trouver à son hôtel votre cousin, et vous le supplierez de vous prêter cinq mille francs que votre mari vous demande et qu'il vous réclamera à son prochain voyage. »

385 Puis il la réveilla.

En rentrant à l'hôtel, je songeais à cette curieuse séance et les doutes m'assaillirent, non point sur l'absolue, sur l'insoupçonnable bonne foi de ma cousine, que je connaissais comme une sœur, depuis l'enfance, mais sur une supercherie possible du
390 docteur. Ne dissimulait-il pas dans sa main, une glace qu'il montrait à la jeune femme endormie, en même temps que sa carte de visite ? Les prestidigitateurs de profession font des choses autrement singulières.

Je rentrai donc et je me couchai.

395 Or, ce matin, vers huit heures et demie, je fus réveillé par mon valet de chambre, qui me dit :

« C'est Mme Sablé qui demande à parler à monsieur tout de suite. »

Je m'habillai à la hâte et je la reçus.

400 Elle s'assit fort troublée, les yeux baissés, et, sans lever son voile, elle me dit :

«Mon cher cousin, j'ai un gros service à vous demander.

— Lequel, ma cousine ?

— Cela me gêne beaucoup de vous le dire, et pourtant, il le faut. J'ai besoin, absolument besoin, de cinq mille francs.

— Allons donc, vous ?

— Oui, moi, ou plutôt mon mari, qui me charge de les trouver. »

J'étais tellement stupéfait, que je balbutiais mes réponses. Je me demandais si vraiment elle ne s'était pas moquée de moi avec le docteur Parent, si ce n'était pas là une simple farce préparée d'avance et fort bien jouée.

Mais, en la regardant avec attention, tous mes doutes se dissipèrent. Elle tremblait d'angoisse, tant cette démarche lui était douloureuse, et je compris qu'elle avait la gorge pleine de sanglots.

Je la savais fort riche et je repris :

« Comment ! votre mari n'a pas cinq mille francs à sa disposition ! Voyons, réfléchissez. Êtes-vous sûre qu'il vous a chargée de me les demander ? »

Elle hésita quelques secondes comme si elle eût fait un grand effort pour chercher dans son souvenir, puis elle répondit :

« Oui..., oui... j'en suis sûre.

— Il vous a écrit ? »

Elle hésita encore, réfléchissant. Je devinai le travail torturant de sa pensée. Elle ne savait pas. Elle savait seulement qu'elle devait m'emprunter cinq mille francs pour son mari. Donc elle osa mentir.

« Oui, il m'a écrit.

— Quand donc ? Vous ne m'avez parlé de rien, hier.

— J'ai reçu sa lettre ce matin.

— Pouvez-vous me la montrer ?

— Non... non... non... elle contenait des choses intimes... trop personnelles... je l'ai... je l'ai brûlée.

Portrait de l'artiste
dit 'Le désespéré',
tableau de Gustave
Courbet, 1841.

435 — Alors, c'est que votre mari fait des dettes.»

Elle hésita encore, puis murmura :

«Je ne sais pas.»

Je déclarai brusquement :

«C'est que je ne puis disposer de cinq mille francs en ce
440 moment, ma chère cousine.»

Elle poussa une sorte de cri de souffrance.

«Oh! oh! je vous en prie, je vous en prie, trouvez-les...»

Elle s'exaltait, joignait les mains comme si elle m'eût prié!
J'entendais sa voix changer de ton; elle pleurait et bégayait,
445 harcelée, dominée par l'ordre irrésistible qu'elle avait reçu.

«Oh! oh! je vous en supplie... si vous saviez comme je
souffre... il me les faut aujourd'hui.»

J'eus pitié d'elle.

«Vous les aurez tantôt, je vous le jure.»
450 Elle s'écria :

«Oh! merci! merci! Que vous êtes bon.»

Je repris : «Vous rappelez-vous ce qui s'est passé hier chez
vous?

— Oui.
455 — Vous rappelez-vous que le docteur Parent vous a endormie?

— Oui.

— Eh bien, il vous a ordonné de venir m'emprunter ce matin
cinq mille francs, et vous obéissez en ce moment à cette suggestion.»
460 Elle réfléchit quelques secondes et répondit :

«Puisque c'est mon mari qui les demande.»

Pendant une heure, j'essayai de la convaincre, mais je n'y pus
parvenir.

Quand elle fut partie, je courus chez le docteur. Il allait sortir;
465 et il m'écouta en souriant. Puis il dit :

«Croyez-vous maintenant?

— Oui, il le faut bien.

– Allons chez votre parente. »

Elle sommeillait déjà sur une chaise longue, accablée de fatigue.
470 Le médecin lui prit le pouls, la regarda quelque temps, une main
levée vers ses yeux qu'elle ferma peu à peu sous l'effort insoute-
nable de cette puissance magnétique.

Quand elle fut endormie :

« Votre mari n'a plus besoin de cinq mille francs. Vous allez
475 donc oublier que vous avez prié votre cousin de vous les prêter,
et, s'il vous parle de cela, vous ne comprendrez pas. »

Puis il la réveilla. Je tirai de ma poche un portefeuille :

« Voici, ma chère cousine, ce que vous m'avez demandé ce
matin. »

480 Elle fut tellement surprise que je n'osai pas insister. J'essayai
cependant de ranimer sa mémoire, mais elle nia avec force, crut
que je me moquais d'elle, et faillit, à la fin, se fâcher.

. . . .

Voilà ! je viens de rentrer ; et je n'ai pu déjeuner, tant cette
expérience m'a bouleversé.

485 *19 juillet.* – Beaucoup de personnes à qui j'ai raconté cette
aventure se sont moquées de moi. Je ne sais plus que penser. Le
sage dit : Peut-être ?

21 juillet. – J'ai été dîner à Bougival, puis j'ai passé la soirée au
bal des canotiers[1]. Décidément, tout dépend des lieux et des
490 milieux. Croire au surnaturel dans l'île de la Grenouillère[2], serait
le comble de la folie… mais au sommet du mont Saint-Michel ?…
mais dans les Indes ? Nous subissons effroyablement l'influence

notes . . . .

1. canotiers : membres de l'équipage d'un canot de plaisance.

2. île de la Grenouillère : sur cette île, anciennement accessible depuis Bougival ou par le bas de Croissy, des bals joyeux et populaires étaient organisés.

de ce qui nous entoure. Je rentrerai chez moi la semaine prochaine.

495   *30 juillet.* – Je suis revenu dans ma maison depuis hier. Tout va bien.

    2 août. – Rien de nouveau; il fait un temps superbe. Je passe mes journées à regarder couler la Seine.

    4 août. – Querelles parmi mes domestiques. Ils prétendent
500 qu'on casse les verres, la nuit, dans les armoires. Le valet de chambre accuse la cuisinière, qui accuse la lingère, qui accuse les deux autres. Quel est le coupable ? Bien fin qui le dirait ?

    6 août. – Cette fois, je ne suis pas fou. J'ai vu... j'ai vu... j'ai vu !... Je ne puis plus douter... j'ai vu ! J'ai encore froid jusque
505 dans les ongles... j'ai encore peur jusque dans les moelles... j'ai vu !...

    Je me promenais à deux heures, en plein soleil, dans mon parterre de rosiers... dans l'allée des rosiers d'automne qui commencent à fleurir.

510   Comme je m'arrêtais à regarder un *géant des batailles*, qui portait trois fleurs magnifiques, je vis, je vis distinctement, tout près de moi, la tige d'une de ces roses se plier, comme si une main invisible l'eût tordue, puis se casser, comme si cette main l'eût cueillie ! Puis la fleur s'éleva, suivant la courbe qu'aurait décrite
515 un bras en la portant vers une bouche, et elle resta suspendue dans l'air transparent, toute seule, immobile, effrayante tache rouge à trois pas de mes yeux.

    Éperdu, je me jetai sur elle pour la saisir ! Je ne trouvai rien ; elle avait disparu. Alors je fus pris d'une colère furieuse contre
520 moi-même ; car il n'est pas permis à un homme raisonnable et sérieux d'avoir de pareilles hallucinations.

Mais était-ce bien une hallucination ? Je me retournai pour chercher la tige, et je la retrouvai immédiatement sur l'arbuste, fraîchement brisée, entre les deux autres roses demeurées à la
525 branche.

Alors, je rentrai chez moi l'âme bouleversée ; car je suis certain, maintenant, certain comme de l'alternance des jours et des nuits, qu'il existe près de moi un être invisible, qui se nourrit de lait et d'eau, qui peut toucher aux choses, les prendre et les changer de
530 place, doué par conséquent d'une nature matérielle, bien qu'imperceptible pour nos sens, et qui habite comme moi, sous mon toit...

7 août. – J'ai dormi tranquille. Il a bu l'eau de ma carafe, mais n'a point troublé mon sommeil.
535 Je me demande si je suis fou. En me promenant, tantôt au grand soleil, le long de la rivière, des doutes me sont venus sur ma raison, non point des doutes vagues comme j'en avais jusqu'ici, mais des doutes précis, absolus. J'ai vu des fous ; j'en ai connu qui restaient intelligents, lucides, clairvoyants même sur toutes les
540 choses de la vie, sauf sur un point. Ils parlaient de tout avec clarté, avec souplesse, avec profondeur, et soudain leur pensée, touchant l'écueil de leur folie, s'y déchirait en pièces, s'éparpillait et sombrait dans cet océan effrayant et furieux, plein de vagues bondissantes, de brouillards, de bourrasques, qu'on nomme « la
545 démence ».

Certes, je me croirais fou, absolument fou, si je n'étais cons-cient, si je ne connaissais parfaitement mon état, si je ne le sondais en l'analysant avec une complète lucidité. Je ne serais donc, en somme, qu'un halluciné raisonnant. Un trouble inconnu se serait
550 produit dans mon cerveau, un de ces troubles qu'essaient de

noter et de préciser aujourd'hui les physiologistes[1] ; et ce trouble aurait déterminé dans mon esprit, dans l'ordre et la logique de mes idées, une crevasse profonde. Des phénomènes semblables ont lieu dans le rêve qui nous promène à travers les fantasmago- 555 ries[2] les plus invraisemblables, sans que nous en soyons surpris, parce que l'appareil vérificateur, parce que le sens du contrôle est endormi ; tandis que la faculté imaginative veille et travaille. Ne se peut-il pas qu'une des imperceptibles touches du clavier cérébral se trouve paralysée chez moi ? Des hommes, à la suite 560 d'accidents, perdent la mémoire des noms propres ou des verbes ou des chiffres, ou seulement des dates. Les localisations de toutes les parcelles de la pensée sont aujourd'hui prouvées. Or, quoi d'étonnant à ce que ma faculté de contrôler l'irréalité de certaines hallucinations se trouve engourdie chez moi en ce moment !

565 Je songeais à tout cela en suivant le bord de l'eau. Le soleil couvrait de clarté la rivière, faisait la terre délicieuse, emplissait mon regard d'amour pour la vie, pour les hirondelles, dont l'agilité est une joie de mes yeux, pour les herbes de la rive, dont le frémissement est un bonheur de mes oreilles.

570 Peu à peu, cependant un malaise inexplicable me pénétrait. Une force, me semblait-il, une force occulte m'engourdissait, m'arrêtait, m'empêchait d'aller plus loin, me rappelait en arrière. J'éprouvais ce besoin douloureux de rentrer qui vous oppresse, quand on a laissé au logis un malade aimé, et que le pressentiment 575 vous saisit d'une aggravation de son mal.

Donc, je revins malgré moi, sûr que j'allais trouver, dans ma maison, une mauvaise nouvelle, une lettre ou une dépêche. Il n'y avait rien ; et je demeurai plus surpris et plus inquiet que si j'avais eu de nouveau quelque vision fantastique.

notes

1. **physiologistes :** biologistes traitant les fonctions des organes ; puis, par extension, savants qui procèdent à l'étude physique et morale de divers caractères.

2. **fantasmagories :** apparitions fantomatiques, irréelles.

580   *8 août.* – J'ai passé hier une affreuse soirée. Il ne se manifeste plus, mais je le sens près de moi, m'épiant, me regardant, me pénétrant, me dominant et plus redoutable, en se cachant ainsi, que s'il signalait par des phénomènes surnaturels sa présence invisible et constante.

585   J'ai dormi, pourtant.

    9 août. – Rien, mais j'ai peur.

    10 août. – Rien ; qu'arrivera-t-il demain ?

    11 août. – Toujours rien ; je ne puis plus rester chez moi avec cette crainte et cette pensée entrées en mon âme ; je vais partir.

590   *12 août, 10 heures du soir.* – Tout le jour j'ai voulu m'en aller ; je n'ai pas pu. J'ai voulu accomplir cet acte de liberté si facile, si simple, – sortir – monter dans ma voiture pour gagner Rouen – je n'ai pas pu. Pourquoi ?

    13 août. – Quand on est atteint par certaines maladies, tous les
595 ressorts de l'être physique semblent brisés, toutes les énergies anéanties, tous les muscles relâchés, les os devenus mous comme la chair et la chair liquide comme de l'eau. J'éprouve cela dans mon être moral d'une façon étrange et désolante. Je n'ai plus aucune force, aucun courage, aucune domination sur moi, aucun
600 pouvoir même de mettre en mouvement ma volonté. Je ne peux plus vouloir ; mais quelqu'un veut pour moi ; et j'obéis.

    14 août. – Je suis perdu ! Quelqu'un possède mon âme et la gouverne ! quelqu'un ordonne tous mes actes, tous mes mouvements, toutes mes pensées. Je ne suis plus rien en moi, rien qu'un
605 spectateur esclave et terrifié de toutes les choses que j'accomplis. Je désire sortir. Je ne peux pas. Il ne veut pas ; et je reste, éperdu,

tremblant, dans le fauteuil où il me tient assis. Je désire seulement me lever, me soulever, afin de me croire maître de moi. Je ne peux pas ! Je suis rivé à mon siège ; et mon siège adhère au sol, de telle sorte qu'aucune force ne nous soulèverait.

Puis, tout d'un coup, il faut, il faut, il faut que j'aille au fond de mon jardin cueillir des fraises et les manger. Et j'y vais. Je cueille des fraises et je les mange ! Oh ! mon Dieu ! Mon Dieu ! Mon Dieu ! Est-il un Dieu ? S'il en est un, délivrez-moi, sauvez-moi ! secourez-moi ! Pardon ! Pitié ! Grâce ! Sauvez-moi ! Oh ! quelle souffrance ! quelle torture ! quelle horreur !

15 août. – Certes, voilà comment était possédée et dominée ma pauvre cousine, quand elle est venue m'emprunter cinq mille francs. Elle subissait un vouloir étranger entré en elle, comme une autre âme, comme une autre âme parasite et dominatrice. Est-ce que le monde va finir ?

Mais celui qui me gouverne, quel est-il, cet invisible ? cet inconnaissable, ce rôdeur d'une race surnaturelle ?

Donc les Invisibles existent ! Alors, comment depuis l'origine du monde ne se sont-ils pas encore manifestés d'une façon précise comme ils le font pour moi ? Je n'ai jamais rien lu qui ressemble à ce qui s'est passé dans ma demeure. Oh ! si je pouvais la quitter, si je pouvais m'en aller, fuir et ne pas revenir. Je serais sauvé, mais je ne peux pas.

16 août. – J'ai pu m'échapper aujourd'hui pendant deux heures, comme un prisonnier qui trouve ouverte, par hasard, la porte de son cachot. J'ai senti que j'étais libre tout à coup et qu'il était loin. J'ai ordonné d'atteler bien vite et j'ai gagné Rouen. Oh ! quelle joie de pouvoir dire à un homme qui obéit : « Allez à Rouen ! »

Je me suis fait arrêter devant la bibliothèque et j'ai prié qu'on me prêtât le grand traité du docteur Hermann Herestauss[1] sur les habitants inconnus du monde antique et moderne.

Puis, au moment de remonter dans mon coupé, j'ai voulu dire : « À la gare ! » et j'ai crié – je n'ai pas dit, j'ai crié – d'une voix si forte que les passants se sont retournés : « À la maison », et je suis tombé, affolé d'angoisse, sur le coussin de ma voiture. Il m'avait retrouvé et repris.

17 août. – Ah ! Quelle nuit ! quelle nuit ! Et pourtant il me semble que je devrais me réjouir. Jusqu'à une heure du matin, j'ai lu ! Hermann Herestauss, docteur en philosophie et en théogonie[2], a écrit l'histoire et les manifestations de tous les êtres invisibles rôdant autour de l'homme ou rêvés par lui. Il décrit leurs origines, leur domaine, leur puissance. Mais aucun d'eux ne ressemble à celui qui me hante. On dirait que l'homme, depuis qu'il pense, a pressenti et redouté un être nouveau, plus fort que lui, son successeur en ce monde, et que, le sentant proche et ne pouvant prévoir la nature de ce maître, il a créé, dans sa terreur, tout le peuple fantastique des êtres occultes[3], fantômes vagues nés de la peur.

Donc, ayant lu jusqu'à une heure du matin, j'ai été m'asseoir ensuite auprès de ma fenêtre ouverte pour rafraîchir mon front et ma pensée au vent calme de l'obscurité.

Il faisait bon, il faisait tiède ! Comme j'aurais aimé cette nuit-là autrefois !

Pas de lune. Les étoiles avaient au fond du ciel noir des scintillements frémissants. Qui habite ces mondes ? Quelles formes, quels vivants, quels animaux, quelles plantes sont là-bas ?

notes

1. Le nom Herestauss est peut-être un double germanisé du Horla : *Herr ist aus* (« Monsieur est hors de », « Le maître est ailleurs »).

2. **théogonie** : système religieux expliquant l'origine des dieux.
3. **occultes** : secrets, cachés.

Ceux qui pensent dans ces univers lointains, que savent-ils plus que nous? Que peuvent-ils plus que nous? Que voient-ils que nous ne connaissons point? Un d'eux, un jour ou l'autre, traversant l'espace, n'apparaîtra-t-il pas sur notre terre pour la conquérir, comme les Normands jadis traversaient la mer pour asservir des peuples plus faibles?

Nous sommes si infirmes, si désarmés, si ignorants, si petits, nous autres, sur ce grain de boue qui tourne délayé dans une goutte d'eau.

Je m'assoupis en rêvant ainsi au vent frais du soir.

Or, ayant dormi environ quarante minutes, je rouvris les yeux sans faire un mouvement, réveillé par je ne sais quelle émotion confuse et bizarre. Je ne vis rien d'abord, puis, tout à coup, il me sembla qu'une page du livre resté ouvert sur ma table venait de tourner toute seule. Aucun souffle d'air n'était entré par ma fenêtre. Je fus surpris et j'attendis. Au bout de quatre minutes environ, je vis, je vis, oui, je vis de mes yeux une autre page se soulever et se rabattre sur la précédente, comme si un doigt l'eût feuilletée. Mon fauteuil était vide, semblait vide; mais je compris qu'il était là, lui, assis à ma place, et qu'il lisait. D'un bond furieux, d'un bond de bête révoltée, qui va éventrer son dompteur, je traversai ma chambre pour le saisir, pour l'étreindre, pour le tuer!... Mais mon siège, avant que je l'eusse atteint, se renversa comme si on eût fui devant moi... ma table oscilla, ma lampe tomba et s'éteignit, et ma fenêtre se ferma comme si un malfaiteur surpris se fût élancé dans la nuit, en prenant à pleines mains les battants.

Donc, s'il s'était sauvé; il avait eu peur, peur de moi, lui!

Alors... alors... demain... ou après... ou un jour quelconque, je pourrai donc le tenir sous mes poings, et l'écraser contre le sol! Est-ce que les chiens, quelquefois, ne mordent point et n'étranglent pas leurs maîtres?

18 août. – J'ai songé toute la journée. Oh! oui, je vais lui obéir, suivre ses impulsions, accomplir toutes ses volontés, me faire humble, soumis, lâché. Il est le plus fort. Mais une heure viendra...

19 août. – Je sais... je sais... je sais tout! Je viens de lire ceci dans la *Revue du Monde scientifique*: «Une nouvelle assez curieuse nous arrive de Rio de Janeiro. Une folie, une épidémie de folie, comparable aux démences contagieuses qui atteignirent les peuples d'Europe au Moyen Âge, sévit en ce moment dans la province de San-Paulo. Les habitants éperdus quittent leurs maisons, désertent leurs villages, abandonnent leurs cultures, se disant poursuivis, possédés, gouvernés comme un bétail humain par des êtres invisibles bien que tangibles, des sortes de vampires qui se nourrissent de leur vie, pendant leur sommeil, et qui boivent en outre de l'eau et du lait sans paraître toucher à aucun autre aliment.

«M. le professeur Don Pedro Henriquez, accompagné de plusieurs savants médecins, est parti pour la province de San-Paulo, afin d'étudier sur place les origines et les manifestations de cette surprenante folie, et de proposer à l'Empereur les mesures qui lui paraîtront les plus propres à rappeler à la raison ces populations en délire.»

Ah! Ah! Je me rappelle, je me rappelle le beau trois-mâts brésilien qui passa sous mes fenêtres en remontant la Seine, le 8 mai dernier! Je le trouvai si joli, si blanc, si gai! L'Être était dessus, venant de là-bas, où sa race est née! Et il m'a vu! Il a vu ma demeure blanche aussi; et il a sauté du navire sur la rive. Oh! mon Dieu!

À présent, je sais, je devine. Le règne de l'homme est fini.

Il est venu, Celui que redoutaient les premières terreurs des peuples naïfs, Celui qu'exorcisaient les prêtres inquiets, que les sorciers évoquaient par les nuits sombres, sans le voir apparaître encore, à qui les pressentiments des maîtres passagers du monde

prêtèrent toutes les formes monstrueuses ou gracieuses des gnomes, des esprits, des génies, des fées, des farfadets[1]. Après les
730 grossières conceptions de l'épouvante primitive, des hommes plus perspicaces l'ont pressenti plus clairement. Mesmer l'avait deviné et les médecins, depuis dix ans déjà, ont découvert, d'une façon précise, la nature de sa puissance avant qu'il l'eût exercée lui-même. Ils ont joué avec cette arme du Seigneur nouveau, la
735 domination d'un mystérieux vouloir sur l'âme humaine devenue esclave. Ils ont appelé cela magnétisme, hypnotisme, suggestion... que sais-je? Je les ai vus s'amuser comme des enfants imprudents avec cette horrible puissance! Malheur à nous! Malheur à l'homme! Il est venu, le... le... comment se nomme-
740 t-il... le... il me semble qu'il me crie son nom, et je ne l'entends pas... le... oui... il le crie... J'écoute... je ne peux pas... répète... le... Horla... J'ai entendu... le Horla... c'est lui... le Horla... il est venu!...

Ah! le vautour a mangé la colombe; le loup a mangé le
745 mouton; le lion a dévoré le buffle aux cornes aiguës; l'homme a tué le lion avec la flèche, avec le glaive, avec la poudre; mais le Horla va faire de l'homme ce que nous avons fait du cheval et du bœuf: sa chose, son serviteur et sa nourriture, par la seule puissance de sa volonté. Malheur à nous!
750 Pourtant, l'animal, quelquefois, se révolte et tue celui qui l'a dompté... moi aussi je veux... je pourrai... mais il faut le connaître, le toucher, le voir! Les savants disent que l'œil de la bête, différent du nôtre, ne distingue point comme le nôtre... Et mon œil à moi ne peut distinguer le nouveau venu qui
755 m'opprime.

Pourquoi? Oh! je me rappelle à présent les paroles du moine du mont Saint-Michel: «Est-ce que nous voyons la cent millième partie de ce qui existe? Tenez, voici le vent qui est la

105

760 plus grande force de la nature, qui renverse les hommes, abat les édifices, déracine les arbres, soulève la mer en montagnes d'eau, détruit les falaises et jette aux brisants les grands navires, le vent qui tue, qui siffle, qui gémit, qui mugit, l'avez-vous vu et pouvez-vous le voir : il existe pourtant !»

Et je songeais encore : mon œil est si faible, si imparfait, qu'il ne
765 distingue même point les corps durs, s'ils sont transparents comme le verre !... Qu'une glace sans tain[1] barre mon chemin, il me jette dessus comme l'oiseau entré dans une chambre se casse la tête aux vitres. Mille choses en outre le trompent et l'égarent ? Quoi d'étonnant, alors, à ce qu'il ne sache point apercevoir un
770 corps nouveau que la lumière traverse.

Un être nouveau ! pourquoi pas ? Il devait venir assurément ! pourquoi serions-nous les derniers ! Nous ne le distinguons point, ainsi que tous les autres créés avant nous ? C'est que sa nature est plus parfaite, son corps plus fin et plus fini que le nôtre,
775 que le nôtre si faible, si maladroitement conçu, encombré d'organes toujours fatigués, toujours forcés comme des ressorts trop complexes, que le nôtre, qui vit comme une plante et comme une bête, en se nourrissant péniblement d'air, d'herbe et de viande, machine animale en proie aux maladies, aux défor-
780 mations, aux putréfactions[2], poussive, mal réglée, naïve et bizarre, ingénieusement mal faite, œuvre grossière et délicate, ébauche d'être qui pourrait devenir intelligent et superbe.

Nous sommes quelques-uns, si peu sur ce monde, depuis l'huître jusqu'à l'homme. Pourquoi pas un de plus, une fois
785 accomplie la période qui sépare les apparitions successives de toutes les espèces diverses ?

Pourquoi pas un de plus ? Pourquoi pas aussi d'autres arbres aux fleurs immenses, éclatantes et parfumant des régions

notes

1. **tain :** composé en étain qui, une fois déposé, rend une glace réfléchissante (miroir).

2. **putréfactions :** pourrissements d'un corps.

entières? Pourquoi pas d'autres éléments que le feu, l'air, la terre
et l'eau? – Ils sont quatre, rien que quatre, ces pères nourriciers
des êtres! Quelle pitié! Pourquoi ne sont-ils pas quarante, quatre
cents, quatre mille! Comme tout est pauvre, mesquin, misérable! avarement donné, sèchement inventé, lourdement fait!
Ah! l'éléphant, l'hippopotame, que de grâce! Le chameau, que
d'élégance!

Mais direz-vous, le papillon! une fleur qui vole! J'en rêve un
qui serait grand comme cent univers, avec des ailes dont je ne puis
même exprimer la forme, la beauté, la couleur et le mouvement.
Mais je le vois... il va d'étoile en étoile, les rafraîchissant et les
embaumant au souffle harmonieux et léger de sa course!... Et les
peuples de là-haut le regardent passer, extasiés et ravis!...

....

Qu'ai-je donc? C'est lui, lui, le Horla, qui me hante, qui me
fait penser ces folies! Il est en moi, il devient mon âme; je le
tuerai!

19 août.[1] – Je le tuerai. Je l'ai vu! je me suis assis hier soir, à ma
table; et je fis semblant d'écrire avec une grande attention. Je
savais bien qu'il viendrait rôder autour de moi, tout près, si près
que je pourrais peut-être le toucher, le saisir? Et alors!... alors,
j'aurais la force des désespérés; j'aurais mes mains, mes genoux,
ma poitrine, mon front, mes dents pour l'étrangler, l'écraser, le
mordre, le déchirer.

Et je le guettais avec tous mes organes surexcités.

J'avais allumé mes deux lampes et les huit bougies de ma
cheminée, comme si j'eusse pu, dans cette clarté, le découvrir.

En face de moi, mon lit, un vieux lit de chêne à colonnes; à
droite, ma cheminée; à gauche, ma porte fermée avec soin, après

passage analysé

note

1. La date du 19 août apparaît une nouvelle fois. Le manuscrit de Maupassant ne
comporte aucune correction, on peut considérer qu'il s'agit soit d'une inadvertance,
soit d'une volonté d'attirer l'attention du lecteur sur l'événement relaté ici.

l'avoir laissée longtemps ouverte, afin de l'attirer ; derrière moi, une très haute armoire à glace, qui me servait chaque jour pour me raser, pour m'habiller, et où j'avais coutume de me regarder, de la tête aux pieds, chaque fois que je passais devant.

Donc, je faisais semblant d'écrire, pour le tromper, car il m'épiait lui aussi ; et soudain, je sentis, je fus certain qu'il lisait par-dessus mon épaule, qu'il était là, frôlant mon oreille.

Je me dressai, les mains tendues, en me tournant si vite que je faillis tomber. Eh bien ?... on y voyait comme en plein jour, et je ne me vis pas dans ma glace !... Elle était vide, claire, profonde, pleine de lumière ! Mon image n'était pas dedans... et j'étais en face, moi ! Je voyais le grand verre limpide du haut en bas. Et je regardais cela avec des yeux affolés ; et je n'osais plus avancer, je n'osais plus faire un mouvement, sentant bien pourtant qu'il était là, mais qu'il m'échapperait encore, lui dont le corps imperceptible avait dévoré mon reflet.

Comme j'eus peur ! Puis voilà que tout à coup je commençai à m'apercevoir dans une brume, au fond du miroir, dans une brume comme à travers une nappe d'eau ; et il me semblait que cette eau glissait de gauche à droite, lentement, rendant plus précise mon image, de seconde en seconde. C'était comme la fin d'une éclipse. Ce qui me cachait ne paraissait point posséder de contours nettement arrêtés, mais une sorte de transparence opaque, s'éclaircissant peu à peu.

Je pus enfin me distinguer complètement, ainsi que je le fais chaque jour en me regardant.

Je l'avais vu ! L'épouvante m'en est restée, qui me fait encore frissonner.

20 août. – Le tuer, comment ? puisque je ne peux l'atteindre ? Le poison ? mais il me verrait le mêler à l'eau ; et nos poisons, d'ailleurs, auraient-ils un effet sur son corps imperceptible ? Non... non... sans aucun doute... Alors ?... alors ?...

21 août. – J'ai fait venir un serrurier de Rouen, et lui ai commandé pour ma chambre des persiennes[1] de fer, comme en ont, à Paris, certains hôtels particuliers, au rez-de-chaussée, par crainte des voleurs. Il me fera, en outre, une porte pareille. Je me suis donné pour un poltron, mais je m'en moque !...

....

10 septembre. – Rouen, hôtel Continental. C'est fait... c'est fait... mais est-il mort ? J'ai l'âme bouleversée de ce que j'ai vu.

Hier donc, le serrurier ayant posé ma persienne et ma porte de fer, j'ai laissé tout ouvert jusqu'à minuit, bien qu'il commençât à faire froid.

Tout à coup, j'ai senti qu'il était là, et une joie, une joie folle m'a saisi. Je me suis levé lentement, et j'ai marché à droite, à gauche, longtemps pour qu'il ne devinât rien ; puis j'ai ôté mes bottines et mis mes savates avec négligence ; puis j'ai fermé ma persienne de fer, et revenant à pas tranquilles vers la porte, j'ai fermé la porte aussi à double tour. Retournant alors vers la fenêtre, je la fixai par un cadenas, dont je mis la clef dans ma poche.

Tout à coup, je compris qu'il s'agitait autour de moi, qu'il avait peur à son tour, qu'il m'ordonnait de lui ouvrir. Je faillis céder ; je ne cédai pas, mais m'adossant à la porte, je l'entrebâillai, tout juste assez pour passer, moi, à reculons ; et comme je suis très grand ma tête touchait au linteau[2]. J'étais sûr qu'il n'avait pu s'échapper et je l'enfermai, tout seul, tout seul. Quelle joie ! Je le tenais ! Alors, je descendis, en courant ; je pris dans mon salon, sous ma chambre, mes deux lampes et je renversai toute l'huile sur le tapis, sur les meubles, partout ; puis j'y mis le feu, et je me

---

notes..

1. persiennes : volets composés de lames horizontales qui réduisent la lumière mais laissent passer l'air.

2. linteau : partie supérieure d'une porte.

sauvai, après avoir bien refermé, à double tour, la grande porte d'entrée.

Et j'allai me cacher au fond de mon jardin, dans un massif de lauriers. Comme ce fut long! comme ce fut long! Tout était noir, muet, immobile; pas un souffle d'air, pas une étoile, des montagnes de nuages qu'on ne voyait point, mais qui pesaient sur mon âme si lourds, si lourds.

Je regardais ma maison, et j'attendais. Comme ce fut long! Je croyais déjà que le feu s'était éteint tout seul, ou qu'il l'avait éteint, Lui, quand une des fenêtres d'en bas creva sous la poussée de l'incendie, et une flamme, une grande flamme rouge et jaune, longue, molle, caressante, monta le long du mur blanc et le baisa jusqu'au toit. Une lueur courut dans les arbres, dans les branches, dans les feuilles, et un frisson, un frisson de peur aussi. Les oiseaux se réveillaient; un chien se mit à hurler; il me sembla que le jour se levait! Deux autres fenêtres éclatèrent aussitôt, et je vis que tout le bas de ma demeure n'était plus qu'un effrayant brasier. Mais un cri, un cri horrible, suraigu, déchirant, un cri de femme passa dans la nuit, et deux mansardes[1] s'ouvrirent! J'avais oublié mes domestiques! Je vis leurs faces affolées, et leurs bras qui s'agitaient!...

Alors, éperdu d'horreur, je me mis à courir vers le village en hurlant : Au secours! au secours, au feu! au feu!» Je rencontrai des gens qui s'en venaient déjà et je retournai avec eux, pour voir!

La maison, maintenant, n'était plus qu'un bûcher horrible et magnifique, un bûcher monstrueux, éclairant toute la terre, un bûcher où brûlaient des hommes, et où il brûlait aussi, Lui, Lui, mon prisonnier, l'Être nouveau, le nouveau maître, le Horla!

note

1. **mansardes:** fenêtres de petites dimensions réalisées au dernier étage des immeubles ou des maisons, typiques des chambres de bonne.

905 Soudain le toit tout entier s'engloutit entre les murs, et un volcan de flammes jaillit jusqu'au ciel. Par toutes les fenêtres de la fournaise, je voyais la cuve de feu, et je pensais qu'il était là, dans ce four, mort...

«Mort? Peut-être?... Son corps? son corps que le jour traver-
910 sait n'était-il pas indestructible par les moyens qui tuent les nôtres?

«S'il n'était pas mort?... seul peut-être le temps a prise sur l'Être Invisible et Redoutable. Pourquoi ce corps transparent, ce corps inconnaissable, ce corps d'Esprit, s'il devrait craindre,
915 lui aussi, les maux, les blessures, les infirmités, la destruction prématurée?

«La destruction prématurée? toute l'épouvante humaine vient d'elle! Après l'homme, le Horla. – Après celui qui peut mourir tous les jours, à toutes les heures, à toutes les minutes, par tous les
920 accidents, est venu celui qui ne doit mourir qu'à son jour, à son heure, à sa minute, parce qu'il a touché la limite de son existence!

«Non... non... sans aucun doute, sans aucun doute... il n'est pas mort... Alors... alors... il va donc falloir que je me tue, moi!...»

....

Nature morte au crâne et au chandelier, tableau de Paul Cézanne, 1867.

La Main d'écorché

Il y a huit mois environ, un de mes amis, Louis R..., avait réuni, un soir, quelques camarades de collège ; nous buvions du punch et nous fumions en causant littérature, peinture, et en racontant, de temps à autre, quelques joyeusetés, ainsi que cela se pratique dans les réunions de jeunes gens. Tout à coup la porte s'ouvre toute grande et un de mes bons amis d'enfance entre comme un ouragan. « Devinez d'où je viens, s'écrie-t-il aussitôt. — Je parie pour Mabille, répond l'un. — Non, tu es trop gai, tu viens d'emprunter de l'argent, d'enterrer ton oncle, ou de mettre ta montre chez ma tante[1], reprend un autre. — Tu viens de te griser, riposte un troisième, et comme tu as senti le punch chez Louis, tu es monté pour recommencer. — Vous n'y êtes point, je viens de P... en Normandie, où j'ai été passer huit jours et d'où je rapporte un grand criminel de mes amis que je vous demande la permission de vous présenter. » À ces mots, il tira de sa poche une main d'écorché ; cette main était affreuse, noire, sèche, très longue et comme crispée, les muscles, d'une force extraordinaire, étaient retenus à l'intérieur et à l'extérieur par une lanière de peau parcheminée[2], les ongles jaunes, étroits, étaient restés au bout des doigts ; tout cela sentait le scélérat d'une lieue. « Figurez-vous, dit mon ami, qu'on vendait l'autre jour les défroques[3] d'un vieux sorcier bien connu dans toute la contrée ; il allait au sabbat[4] tous les samedis sur un manche à balai, pratiquait la magie blanche et noire[5], donnait aux vaches du lait bleu[6] et leur faisait porter la

noter

1. **ma tante :** appellation familière (et humoristique ici, après « enterrer ton oncle ») qui désigne le mont-de-piété, crédit municipal où l'on met en gage ses biens en échange d'une somme d'argent.
2. **parcheminée :** dont la peau est jaune et sèche (sens figuré).
3. **défroques :** biens modestes d'un mort.
4. **sabbat :** réunion nocturne de sorciers, inspirée par le Diable.
5. La magie blanche provoque des effets bénéfiques et la magie noire des effets maléfiques.
6. **lait bleu :** lait issu de vaches bleues légendaires.

113

25 queue comme celle du compagnon de saint Antoine[1]. Toujours est-il que ce vieux gredin avait une grande affection pour cette main, qui, disait-il, était celle d'un célèbre criminel supplicié en 1736, pour avoir jeté, la tête la première, dans un puits sa femme légitime, ce quoi faisant je trouve qu'il n'avait pas tort, puis

30 pendu au clocher de l'église le curé qui l'avait marié. Après ce double exploit, il était allé courir le monde et dans sa carrière aussi courte que bien remplie, il avait détroussé[2] douze voyageurs, enfumé une vingtaine de moines dans leur couvent et fait un sérail[3] d'un monastère de religieuses. – Mais que vas-tu faire de

35 cette horreur ? nous écriâmes-nous. – Eh parbleu, j'en ferai mon bouton de sonnette pour effrayer mes créanciers. – Mon ami, dit Henri Smith, un grand Anglais très flegmatique, je crois que cette main est tout simplement de la viande indienne conservée par un procédé nouveau, je te conseille d'en faire du bouillon. – Ne

40 raillez pas, messieurs, reprit avec le plus grand sang-froid un étudiant en médecine aux trois-quarts gris, et toi, Pierre, si j'ai un conseil à te donner, fais enterrer chrétiennement ce débris humain, de crainte que son propriétaire ne vienne te le redemander ; et puis, elle a peut-être pris de mauvaises habitudes cette

45 main, car tu sais le proverbe : "Qui a tué tuera. – Et qui a bu boira" », reprit l'amphitryon[4]. Là-dessus il versa à l'étudiant un grand verre de punch, l'autre l'avala d'un seul trait et tomba ivre-mort sous la table. Cette sortie fut accueillie par des rires formidables, et Pierre élevant son verre et saluant la main : « Je

50 bois, dit-il, à la prochaine visite de ton maître », puis on parla d'autre chose et chacun rentra chez soi.

notes

1. Le compagnon de saint Antoine est un cochon (queue en forme de tire-bouchon). Le Diable avait décidé de prendre l'aspect de cet animal afin de tenter (en vain) le fameux ermite du désert. Saint Antoine repoussa la tentation et apprivoisa même le cochon, qui devint son compagnon.

2. détroussé : volé.
3. sérail : maison de débauche, harem.
4. amphitryon : hôte qui offre à dîner.

Le lendemain, comme je passais devant sa porte, j'entrai chez lui, il était environ deux heures, je le trouvai lisant et fumant. « Eh bien, comment vas-tu ? lui dis-je. – Très bien, me répondit-il.

55 – Et ta main ? – Ma main, tu as dû la voir à ma sonnette où je l'ai mise hier soir en rentrant, mais à ce propos figure-toi qu'un imbécile quelconque, sans doute pour me faire une mauvaise farce, est venu carillonner à ma porte vers minuit ; j'ai demandé qui était là, mais comme personne ne me répondait, je me suis

60 recouché et rendormi. »

En ce moment, on sonna, c'était le propriétaire, personnage grossier et fort impertinent. Il entra sans saluer. « Monsieur, dit-il à mon ami, je vous prie d'enlever immédiatement la charogne[1] que vous avez pendue à votre cordon de sonnette, sans quoi je me

65 verrai forcé de vous donner congé. – Monsieur, reprit Pierre avec beaucoup de gravité, vous insultez une main qui ne le mérite pas, sachez qu'elle a appartenu à un homme fort bien élevé. » Le propriétaire tourna les talons et sortit comme il était entré. Pierre le suivit, décrocha sa main et l'attacha à la sonnette pendue dans

70 son alcôve[2]. « Cela vaut mieux, dit-il, cette main, comme le "Frère, il faut mourir" des Trappistes[3], me donnera des pensées sérieuses tous les soirs en m'endormant. » Au bout d'une heure je le quittai et je rentrai à mon domicile.

Je dormis mal la nuit suivante, j'étais agité, nerveux ; plusieurs

75 fois je me réveillai en sursaut, un moment même je me figurai qu'un homme s'était introduit chez moi et je me levai pour regarder dans mes armoires et sous mon lit ; enfin, vers six heures du matin, comme je commençais à m'assoupir, un coup violent frappé à ma porte, me fit sauter du lit ; c'était le domestique de

80 mon ami, à peine vêtu, pâle et tremblant. « Ah Monsieur ! s'écria-t-il en sanglotant, mon pauvre maître qu'on a assassiné. »

notes

| 1. **charogne** : bête morte en putréfaction. | 3. **Trappistes** : religieux de l'ordre de la Trappe, réputé pour sa discipline. |
| 2. **alcôve** : renfoncement où est placé le lit. | |

115

Je m'habillai à la hâte et je courus chez Pierre. La maison était pleine de monde, on discutait, on s'agitait, c'était un mouvement incessant, chacun pérorait[1], racontait et commentait l'événement de toutes les façons. Je parvins à grand-peine jusqu'à la chambre, la porte était gardée, je me nommai, on me laissa entrer. Quatre agents de la police étaient debout au milieu, un carnet à la main, ils examinaient, se parlaient bas de temps en temps et écrivaient ; deux docteurs causaient près du lit sur lequel Pierre était étendu sans connaissance. Il n'était pas mort, mais il avait un aspect effrayant. Ses yeux démesurément ouverts, ses prunelles dilatées semblaient regarder fixement avec une indicible épouvante une chose horrible et inconnue, ses doigts étaient crispés, son corps, à partir du menton, était recouvert d'un drap que je soulevai. Il portait au cou les marques de cinq doigts qui s'étaient profondément enfoncés dans la chair, quelques gouttes de sang maculaient sa chemise. En ce moment une chose me frappa, je regardai par hasard la sonnette de son alcôve, la main d'écorché n'y était plus. Les médecins l'avaient sans doute enlevée pour ne point impressionner les personnes qui entreraient dans la chambre du blessé, car cette main était vraiment affreuse. Je ne m'informai point de ce qu'elle était devenue.

Je coupe maintenant, dans un journal du lendemain, le récit du crime avec tous les détails que la police a pu se procurer. Voici ce qu'on y lisait :

« Un attentat horrible a été commis hier sur la personne d'un jeune homme, M. Pierre B..., étudiant en droit, qui appartient à une des meilleures familles de Normandie. Ce jeune homme était rentré chez lui vers dix heures du soir, il renvoya son domestique, le sieur Bonvin, en lui disant qu'il était fatigué et qu'il allait se mettre au lit. Vers minuit, cet homme fut réveillé

---

note

1. **pérorait** : parlait longuement et prétentieusement.

tout à coup par la sonnette de son maître qu'on agitait avec fureur. Il eut peur, alluma une lumière et attendit ; la sonnette se tut environ une minute, puis reprit avec une telle force que le
115 domestique, éperdu de terreur, se précipita hors de sa chambre et alla réveiller le concierge, ce dernier courut avertir la police et, au bout d'un quart d'heure environ, deux agents enfonçaient la porte. Un spectacle horrible s'offrit à leurs yeux, les meubles étaient renversés, tout annonçait qu'une lutte terrible avait eu
120 lieu entre la victime et le malfaiteur. Au milieu de la chambre, sur le dos, les membres raides, la face livide et les yeux effroyablement dilatés, le jeune Pierre B... gisait sans mouvement ; il portait au cou les empreintes profondes de cinq doigts. Le rapport du docteur Bourdeau, appelé immédiatement, dit que l'agresseur
125 devait être doué d'une force prodigieuse et avoir une main extraordinairement maigre et nerveuse, car les doigts qui ont laissé dans le cou comme cinq trous de balle s'étaient presque rejoints à travers les chairs. Rien ne peut faire soupçonner le mobile du crime, ni quel peut en être l'auteur. La justice
130 informe[1]. »

On lisait le lendemain dans le même journal :

« M. Pierre B..., la victime de l'effroyable attentat que nous racontions hier, a repris connaissance après deux heures de soins assidus donnés par M. le docteur Bourdeau. Sa vie n'est pas en
135 danger, mais on craint fortement pour sa raison ; on n'a aucune trace du coupable. »

En effet, mon pauvre ami était fou ; pendant sept mois, j'allai le voir tous les jours à l'hospice, mais il ne recouvra pas une lueur de raison. Dans son délire, il lui échappait des paroles étranges et,
140 comme tous les fous, il avait une idée fixe, il se croyait toujours poursuivi par un spectre. Un jour, on vint me chercher en toute hâte en me disant qu'il allait plus mal, je le trouvai à l'agonie.

note

| **1. informe** : procède à une enquête.

117

Pendant deux heures, il resta fort calme, puis tout à coup, se dressant sur son lit malgré nos efforts, il s'écria en agitant les bras 145 et comme en proie à une épouvantable terreur : « Prends-là ! prends-là ! Il m'étrangle, au secours, au secours ! » Il fit deux fois le tour de la chambre en hurlant, puis il tomba mort, la face contre terre.

Comme il était orphelin, je fus chargé de conduire son corps au 150 petit village de P... en Normandie, où ses parents étaient enterrés. C'est de ce même village qu'il venait, le soir où il nous avait trouvés buvant du punch chez Louis R... et où il nous avait présenté sa main d'écorché. Son corps fut enfermé dans un cercueil de plomb, et quatre jours après, je me promenais 155 tristement avec le vieux curé qui lui avait donné ses premières leçons, dans le petit cimetière où l'on creusait sa tombe. Il faisait un temps magnifique, le ciel tout bleu ruisselait de lumière, les oiseaux chantaient dans les ronces du talus, où bien des fois, enfants tous deux, nous étions venus manger des mûres. Il me 160 semblait encore le voir se faufiler le long de la haie et se glisser par le petit trou que je connaissais bien, là-bas, tout au bout du terrain où l'on enterre les pauvres, puis nous revenions à la maison, les joues et les lèvres noires du jus des fruits que nous avions mangés ; et je regardai les ronces, elles étaient couvertes de mûres ; 165 machinalement j'en pris une, et je la portai à ma bouche ; le curé avait ouvert son bréviaire[1] et marmottait[2] tout bas ses *oremus*[3], et j'entendais au bout de l'allée la bêche des fossoyeurs[4] qui creusaient la tombe. Tout à coup, ils nous appelèrent, le curé ferma son livre et nous allâmes voir ce qu'ils voulaient. Ils avaient 170 trouvé un cercueil. D'un coup de pioche, ils firent sauter le couvercle et nous aperçûmes un squelette démesurément long,

notes

1. bréviaire : livre de prières chez les catholiques ; certains passages sont à réciter au cours de la journée.
2. marmottait : marmonnait, parlait bas.

3. *oremus* : prières, oraisons.
4. fossoyeurs : individus dont le métier est de creuser des fosses, afin d'y placer la tombe des défunts.

couché sur le dos, qui, de son œil creux, semblait encore nous regarder et nous défier ; j'éprouvai un malaise, je ne sais pourquoi j'eus presque peur. « Tiens ! s'écria un des hommes, regardez donc, le gredin a un poignet coupé, voilà sa main. » Et il ramassa à côté du corps une grande main desséchée qu'il nous présenta. « Dis donc, fit l'autre en riant, on dirait qu'il te regarde et qu'il va te sauter à la gorge pour que tu lui rendes sa main. – Allons mes amis, dit le curé, laissez les morts en paix et refermez ce cercueil, nous creuserons autre part la tombe de ce pauvre monsieur Pierre. »

Le lendemain tout était fini et je reprenais la route de Paris après avoir laissé cinquante francs au vieux curé pour dire des messes pour le repos de l'âme de celui dont nous avions ainsi troublé la sépulture.

La peur, dessin de Luc Barbut, 1886.

La Peur

À J.-K. Huysmans.

On remonta sur le pont après dîner. Devant nous, la Méditer-
ranée n'avait pas un frisson sur toute sa surface, qu'une grande
lune calme moirait[1]. Le vaste bateau glissait, jetant sur le ciel, qui
semblait ensemencé[2] d'étoiles, un gros serpent de fumée noire ;
5 et, derrière nous, l'eau toute blanche, agitée par le passage rapide
du lourd bâtiment, battue par l'hélice, moussait, semblait se
tordre, remuait tant de clartés qu'on eût dit de la lumière de lune
bouillonnant.

Nous étions là, six ou huit, silencieux, admirant, l'œil tourné
10 vers l'Afrique lointaine où nous allions. Le commandant, qui
fumait un cigare au milieu de nous, reprit soudain la conversation
du dîner.

« Oui, j'ai eu peur ce jour-là. Mon navire est resté six heures
avec ce rocher dans le ventre, battu par la mer. Heureusement
15 que nous avons été recueillis, vers le soir, par un charbonnier[3]
anglais qui nous aperçut. »

Alors un grand homme à figure brûlée, à l'aspect grave, un de
ces hommes qu'on sent avoir traversé de longs pays inconnus, au
milieu de dangers incessants, et dont l'œil tranquille semble
20 garder, dans sa profondeur, quelque chose des paysages étranges
qu'il a vus ; un de ces hommes qu'on devine trempés dans le
courage, parla pour la première fois :

« Vous dites, commandant, que vous avez eu peur ; je n'en
crois rien. Vous vous trompez sur le mot et sur la sensation que
25 vous avez éprouvée. Un homme énergique n'a jamais peur en
face du danger pressant. Il est ému, agité, anxieux ; mais la peur,
c'est autre chose. »

---

notes

1. **moirait** : modifiait les reflets.
2. **ensemencé** : il s'agit ici d'une figure de
style ; le ciel est comparé à un jardin où l'on
aurait semé des étoiles.

3. **charbonnier** : navire transportant du
charbon.

Le commandant reprit en riant :

« Fichtre ! je vous réponds bien que j'ai eu peur, moi. »

30 Alors l'homme au teint bronzé prononça d'une voix lente :

★

— Permettez-moi de m'expliquer ! La peur (et les hommes les plus hardis peuvent avoir peur), c'est quelque chose d'effroyable, une sensation atroce, comme une décomposition de l'âme, un spasme[1] affreux de la pensée et du cœur, dont le souvenir seul

35 donne des frissons d'angoisse. Mais cela n'a lieu, quand on est brave, ni devant une attaque, ni devant la mort inévitable, ni devant toutes les formes connues du péril : cela a lieu dans certaines circonstances anormales, sous certaines influences mystérieuses, en face de risques vagues. La vraie peur, c'est

40 quelque chose comme une réminiscence[2] des terreurs fantastiques d'autrefois. Un homme qui croit aux revenants, et qui s'imagine apercevoir un spectre dans la nuit, doit éprouver la peur en toute son épouvantable horreur.

Moi, j'ai deviné la peur en plein jour, il y a dix ans environ. Je

45 l'ai ressentie, l'hiver dernier, par une nuit de décembre.

Et, pourtant, j'ai traversé bien des hasards, bien des aventures qui semblaient mortelles. Je me suis battu souvent. J'ai été laissé pour mort par des voleurs. J'ai été condamné, comme insurgé, à être pendu, en Amérique, et jeté à la mer du pont d'un bâtiment

50 sur les côtes de Chine. Chaque fois je me suis cru perdu, j'en ai pris immédiatement mon parti, sans attendrissement et même sans regrets.

Mais la peur, ce n'est pas cela.

Je l'ai pressentie en Afrique. Et pourtant elle est fille du Nord ;

55 le soleil la dissipe comme un brouillard. Remarquez bien ceci, messieurs. Chez les Orientaux, la vie ne compte pour rien ; on est

notes

| **1. spasme** : convulsion, contraction involontaire. | **2. réminiscence** : souvenir, résurgence. |

résigné tout de suite ; les nuits sont claires et vides de légendes, les âmes aussi vides des inquiétudes sombres qui hantent les cerveaux dans les pays froids. En Orient, on peut connaître la panique, on ignore la peur.

Eh bien ! voici ce qui m'est arrivé sur cette terre d'Afrique :

Je traversais les grandes dunes au sud de Ouargla[1]. C'est là un des plus étranges pays du monde. Vous connaissez le sable uni, le sable droit des interminables plages de l'Océan. Eh bien ! figurez-vous l'Océan lui-même devenu sable au milieu d'un ouragan ; imaginez une tempête silencieuse de vagues immobiles en poussière jaune. Elles sont hautes comme des montagnes, ces vagues inégales, différentes, soulevées tout à fait comme des flots déchaînés, mais plus grandes encore, et striées comme de la moire[2]. Sur cette mer furieuse, muette et sans mouvement, le dévorant soleil du sud verse sa flamme implacable et directe. Il faut gravir ces lames de cendre d'or, redescendre, gravir encore, gravir sans cesse, sans repos et sans ombre. Les chevaux râlent, enfoncent jusqu'aux genoux, et glissent en dévalant l'autre versant des surprenantes collines.

Nous étions deux amis suivis de huit spahis[3] et de quatre chameaux avec leurs chameliers. Nous ne parlions plus, accablés de chaleur, de fatigue, et desséchés de soif comme ce désert ardent. Soudain un de ces hommes poussa une sorte de cri ; tous s'arrêtèrent ; et nous demeurâmes immobiles, surpris par un inexplicable phénomène connu des voyageurs en ces contrées perdues.

Quelque part, près de nous, dans une direction indéterminée, un tambour battait, le mystérieux tambour des dunes ; il battait distinctement, tantôt plus vibrant, tantôt affaibli, arrêtant, puis reprenant son roulement fantastique.

passage analysé

60 / 65 / 70 / 75 / 80 / 85

notes

1. **Ouargla** : oasis du Sahara algérien.
2. **moire** : tissu modifié par l'écrasement de son grain qui lui donne un aspect changeant.
3. **spahis** : cavaliers d'Afrique du Nord encadrés d'officiers français.

Les Arabes, épouvantés, se regardaient ; et l'un dit, en sa langue : « La mort est sur nous. » Et voilà que tout à coup mon compagnon, mon ami, presque mon frère, tomba de cheval, la
90 tête en avant, foudroyé par une insolation.

Et pendant deux heures, pendant que j'essayais en vain de le sauver, toujours ce tambour insaisissable m'emplissait l'oreille de son bruit monotone, intermittent et incompréhensible ; et je sentais se glisser dans mes os la peur, la vraie peur, la hideuse peur,
95 en face de ce cadavre aimé, dans ce trou incendié par le soleil entre quatre monts de sable, tandis que l'écho inconnu nous jetait, à deux cents lieues de tout village français, le battement rapide du tambour.

Ce jour-là, je compris ce que c'était que d'avoir peur ; je l'ai su
100 mieux encore une autre fois...

Le commandant interrompit le conteur :
« Pardon, monsieur, mais ce tambour ? Qu'était-ce ? »
Le voyageur répondit :

Je n'en sais rien. Personne ne sait. Les officiers, surpris souvent
105 par ce bruit singulier, l'attribuent généralement à l'écho grossi, multiplié, démesurément enflé par les vallonnements des dunes, d'une grêle de grains de sable emportés dans le vent et heurtant une touffe d'herbes sèches ; car on a toujours remarqué que le phénomène se produit dans le voisinage de petites plantes brûlées
110 par le soleil, et dures comme du parchemin.

Ce tambour ne serait donc qu'une sorte de mirage du son. Voilà tout. Mais je n'appris cela que plus tard.

J'arrive à ma seconde émotion.

C'était l'hiver dernier, dans une forêt du nord-est de la France.
115 La nuit vint deux heures plus tôt, tant le ciel était sombre. J'avais pour guide un paysan qui marchait à mon côté, par un tout petit chemin, sous une voûte de sapins dont le vent déchaîné tirait des hurlements. Entre les cimes, je voyais courir des nuages en déroute, des nuages éperdus qui semblaient fuir devant une

120 épouvante. Parfois, sous une immense rafale, toute la forêt s'inclinait dans le même sens avec un gémissement de souffrance ; et le froid m'envahissait, malgré mon pas rapide et mon lourd vêtement.

Nous devions souper et coucher chez un garde-forestier dont
125 la maison n'était plus éloignée de nous. J'allais là pour chasser.

Mon guide, parfois, levait les yeux et murmurait : « Triste temps ! » Puis il me parla des gens chez qui nous arrivions. Le père avait tué un braconnier deux ans auparavant, et, depuis ce temps, il semblait sombre, comme hanté d'un souvenir. Ses deux fils,
130 mariés, vivaient avec lui.

Les ténèbres étaient profondes. Je ne voyais rien devant moi, ni autour de moi, et toute la branchure des arbres entrechoqués emplissait la nuit d'une rumeur incessante. Enfin, j'aperçus une lumière, et bientôt mon compagnon heurtait une porte. Des cris
135 aigus de femmes nous répondirent. Puis, une voix d'homme, une voix étranglée, demanda : « Qui va là ? » Mon guide se nomma. Nous entrâmes. Ce fut un inoubliable tableau.

Un vieux homme à cheveux blancs, à l'œil fou, le fusil chargé dans la main, nous attendait debout au milieu de la cuisine, tandis
140 que deux grands gaillards, armés de haches, gardaient la porte. Je distinguai dans les coins sombres deux femmes à genoux, le visage caché contre le mur.

On s'expliqua. Le vieux remit son arme contre le mur et ordonna de préparer ma chambre ; puis, comme les femmes ne
145 bougeaient point, il me dit brusquement :

« Voyez-vous, monsieur, j'ai tué un homme, voilà deux ans cette nuit. L'autre année, il est revenu m'appeler. Je l'attends encore ce soir. »

Puis il ajouta d'un ton qui me fit sourire :
150 « Aussi, nous ne sommes pas tranquilles. »

Je le rassurai comme je pus, heureux d'être venu justement ce soir-là, et d'assister au spectacle de cette terreur superstitieuse. Je racontai des histoires, et je parvins à calmer à peu près tout le monde.

125

155   Près du foyer, un vieux chien, presque aveugle et moustachu, un de ces chiens qui ressemblent à des gens qu'on connaît, dormait le nez dans ses pattes.

    Au dehors, la tempête acharnée battait la petite maison, et, par un étroit carreau, une sorte de judas[1] placé près de la porte, je
160 voyais soudain tout un fouillis d'arbres bousculés par le vent à la lueur de grands éclairs.

    Malgré mes efforts, je sentais bien qu'une terreur profonde tenait ces gens, et chaque fois que je cessais de parler, toutes les oreilles écoutaient au loin. Las d'assister à ces craintes imbéciles,
165 j'allais demander à me coucher, quand le vieux garde tout à coup fit un bond de sa chaise, saisit de nouveau son fusil, en bégayant d'une voix égarée : « Le voilà le voilà ! Je l'entends ! » Les deux femmes retombèrent à genoux dans leurs coins en se cachant le visage ; et les fils reprirent leurs haches. J'allais tenter encore de les
170 apaiser, quand le chien endormi s'éveilla brusquement et, levant sa tête, tendant le cou, regardant vers le feu de son œil presque éteint, il poussa un de ces lugubres hurlements qui font tressaillir les voyageurs, le soir, dans la campagne. Tous les yeux se portèrent sur lui, il restait maintenant immobile, dressé sur ses
175 pattes comme hanté d'une vision, et il se remit à hurler vers quelque chose d'invisible, d'inconnu, d'affreux sans doute, car tout son poil se hérissait. Le garde, livide, cria : « Il le sent ! il le sent ! il était là quand je l'ai tué. » Et les femmes égarées se mirent, toutes les deux, à hurler avec le chien.

180   Malgré moi, un grand frisson me courut entre les épaules. Cette vision de l'animal dans ce lieu, à cette heure, au milieu de ces gens éperdus, était effrayante à voir.

    Alors, pendant une heure, le chien hurla sans bouger ; il hurla comme dans l'angoisse d'un rêve ; et la peur, l'épouvantable peur
185 entrait en moi ; la peur de quoi ? Le sais-je ? C'était la peur, voilà tout.

note ....

| **1. judas** : ouverture dans une porte, de la taille d'un œil, afin d'observer l'extérieur.

Nous restions immobiles, livides, dans l'attente d'un événement affreux, l'oreille tendue, le cœur battant, bouleversés au moindre bruit. Et le chien se mit à tourner autour de la pièce, en
190 sentant les murs et gémissant toujours. Cette bête nous rendait fous ! Alors, le paysan qui m'avait amené, se jeta sur elle, dans une sorte de paroxysme de terreur furieuse, et, ouvrant une porte donnant sur une petite cour, jeta l'animal dehors.

Il se tut aussitôt ; et nous restâmes plongés dans un silence plus
195 terrifiant encore. Et soudain, tous ensemble, nous eûmes une sorte de sursaut : un être glissait contre le mur du dehors vers la forêt ; puis il passa contre la porte, qu'il sembla tâter, d'une main hésitante ; puis on n'entendit plus rien pendant deux minutes qui firent de nous des insensés ; puis il revint, frôlant toujours la
200 muraille ; et il gratta légèrement, comme ferait un enfant avec son ongle ; puis soudain une tête apparut contre la vitre du judas, une tête blanche avec des yeux lumineux comme ceux des fauves. Et un son sortit de sa bouche, un son indistinct, un murmure plaintif.

205 Alors un bruit formidable éclata dans la cuisine. Le vieux garde avait tiré. Et aussitôt les fils se précipitèrent, bouchèrent le judas en dressant la grande table qu'ils assujettirent[1] avec le buffet.

Et je vous jure qu'au fracas du coup de fusil que je n'attendais point, j'eus une telle angoisse du cœur, de l'âme et du corps, que
210 je me sentis défaillir, prêt à mourir de peur.

Nous restâmes là jusqu'à l'aurore, incapables de bouger, de dire un mot, crispés dans un affolement indicible.

On n'osa débarricader la sortie qu'en apercevant, par la fente d'un auvent, un mince rayon de jour.

215 Au pied du mur, contre la porte, le vieux chien gisait, la gueule brisée d'une balle.

Il était sorti de la cour en creusant un trou sous une palissade.

★

note

I **1. assujettirent** : fixèrent pour la stabiliser.

L'homme au visage brun se tut ; puis il ajouta :

« Cette nuit-là pourtant, je ne courus aucun danger ; mais j'aimerais mieux recommencer toutes les heures où j'ai affronté les plus terribles périls, que la seule minute du coup de fusil sur la tête barbue du judas. »

Test de première lecture

Un million

1. Quel métier pratique Léopold Bonnin ?

2. Selon la description qu'en fait Maupassant, comment se comporte-t-il au travail ?

3. Justifiez le titre *Un million*.

4. Sur quelle qualité des Bonnin Maupassant insiste-t-il à plusieurs reprises, depuis le début de la nouvelle jusqu'à la fin ? Quel est l'effet visé ?

5. Comment les Bonnin envisagent-ils la vie familiale ? Sont-ils attirés par les enfants ?

6. Combien de temps la tante accorde-t-elle aux Bonnin pour avoir un héritier ?

7. Que peut-on dire de la santé de Léopold ?

8. Comment les gens du ministère réagissent-ils lorsqu'ils constatent que les Bonnin sont infertiles ?

9. À qui ira l'argent de la vieille tante si le couple ne donne pas naissance à un enfant ?

10. Que font les Bonnin afin de contrer leur infertilité ? Cela fonctionne-t-il ?

11. Comment évolue la relation entre les Bonnin du début à la fin de la nouvelle ?

12. Comment est née l'amitié entre Léopold et Frédéric Morel ?

13. Comment madame Bonnin devient-elle finalement enceinte ?

14. Pourquoi les Bonnin nomment-ils leur fils Dieudonné ?

15. Quel trait de caractère de Mme Bonnin ressort des deux dernières phrases de la nouvelle ?

Les bijoux

❶ Lors de leur rencontre, quelles qualités de madame Lantin ont d'abord plu à l'homme qui est devenu son mari ?

❷ Quels sont les deux objets de luxe dont l'achat est blâmé par le couple ?

❸ Comment monsieur Lantin réagit-il à la mort de sa femme ?

❹ Que décide-t-il de faire pour mettre fin à son endettement ?

❺ Par quelles expressions du texte peut-on déduire que monsieur Lantin accorde peu de valeur aux bijoux de sa femme ?

❻ Pourquoi monsieur Lantin devient-il très émotif lorsqu'il apprend le prix qu'ont coûté les bijoux de sa femme ?

❼ Comment se comportent les commis de la bijouterie envers monsieur Lantin ?

❽ Par quel vocabulaire mélioratif le lecteur peut-il déduire que les bijoux sont devenus, à la fin de la nouvelle, des objets plus importants pour monsieur Lantin ?

❾ En quoi la fin de la nouvelle est-elle tout à fait contraire à celle d'un conte de fées, du type «ils vécurent heureux et eurent beaucoup d'enfants» ?

❿ Tentez de formuler en une phrase la morale que contient cette nouvelle.

La parure

❶ Que peut-on dire des origines sociales de Mathilde ?

❷ Selon ce qu'en dit le texte, si une femme ne naît pas riche, quelles qualités peuvent l'aider à briller dans le monde ?

❸ De quoi rêve Mathilde ?

❹ Que contient l'enveloppe que lui apporte son mari ?

❺ Qu'est-ce que son mari est prêt à sacrifier pour fournir à sa femme les quatre cents francs qu'elle réclame pour l'achat d'une tenue de soirée ?

❻ Comment Mathilde est-elle perçue le soir du bal ?

7 Pourquoi veut-elle s'enfuir lorsque le bal est terminé ?

8 Quel drame survient lorsque le couple rentre à la maison ?

9 Que fait le mari pour subvenir aux besoins du couple à la fin de la nouvelle ? Quelles sont les nouvelles activités de Mathilde ?

10 Pourquoi madame Forestier ne reconnaît-elle pas Mathilde lorsqu'elle la croise au parc ? Quelle terrible découverte fera alors Mathilde ?

La ficelle

1 Sur quel événement hebdomadaire de la vie publique le récit s'ouvre-t-il ?

2 Dès son entrée dans la ville, maître Hauchecorne remarque la présence d'un petit objet abandonné sur le chemin. Quel est cet objet ?

3 Un événement ordinaire transforme la vie de maître Hauchecorne et de tout le village de Goderville. Déterminez les étapes du débat entraîné par cet objet futile.

4 Quel est le métier de maître Jourdain ?

5 Qui prétend avoir vu maître Hauchecorne ramasser un porte-feuille sur la route ?

6 Quelle est l'opinion générale en ce qui concerne l'identité du voleur du portefeuille ?

7 Examinez le thème de la médisance. Quelles expressions populaires sont employées pour accentuer l'effet du bavardage qui se fait autour de maître Hauchecorne et de l'affaire du vol ?

8 Explorez l'argumentation employée par maître Hauchecorne pour convaincre le maire, puis la population de Goderville de son innocence. Pourquoi ce maître n'est-il pas convaincant ?

9 Pourquoi les gens rient-ils de l'histoire de la ficelle ?

10 Qu'est-ce qui a finalement tué maître Hauchecorne ?

Le Horla

❶ Sur quelle période de temps se déroule le conte ?

❷ Quel est le nom du cours d'eau près duquel vit le narrateur ?

❸ Qu'est-ce que le narrateur se plaît à observer tout au début du récit ? Quel geste irréfléchi et spontané fait-il à ce moment-là ?

❹ Quels symptômes font croire au narrateur qu'il est physiquement malade ?

❺ À quel moment particulier surviennent ses crises d'angoisse ?

❻ Quelle impression étrange le narrateur ressent-il pendant qu'il marche dans les bois ?

❼ Quel lieu visite-t-il en voyage ? Avec qui discute-t-il ?

❽ Quel personnage dont il est proche souffre soudainement du même mal que lui ?

❾ Résumez l'étrange expérience des 5 et 6 juillet qui pousse le narrateur à penser qu'il est fou.

❿ À son second voyage, dans quelle ville le narrateur se rend-il ?

⓫ Qui se fait hypnotiser ?

⓬ Nommez les hallucinations qui frappent le narrateur.

⓭ Quels types de livres le narrateur se met-il à lire de plus en plus frénétiquement ?

⓮ Qui est le Horla ?

⓯ Par quelle fin tragique le combat avec le Horla se termine-t-il ?

La main d'écorché

❶ Quel objet l'ami d'enfance du narrateur rapporte-t-il de son voyage en Normandie ?

❷ Chez qui s'est-il procuré cet objet ?

❸ Le conte s'intitule *La main d'écorché*. À qui appartient cette main ?

④ À quel endroit Pierre accroche-t-il la main ?

⑤ Quels sont les premiers indices de surnaturel dans ce récit ?

⑥ Qui vient cogner à la porte du narrateur en pleine nuit ? Quelle nouvelle cette personne lui apporte-t-elle ?

⑦ Qui se trouve dans la chambre de Pierre à l'arrivée du narrateur ?

⑧ Le narrateur remarque que Pierre porte quelque chose de particulier au cou à ce moment-là. De quoi s'agit-il ?

⑨ Dans le journal du lendemain, quelles sont les conclusions de la police sur ce qui s'est passé ?

⑩ Comment l'ami du narrateur est-il décédé ?

La peur

❶ Quel est le cadre géographique de la situation initiale ?

❷ L'« homme à la figure brûlée » a eu une vie pleine d'aventures périlleuses. Relatez-en quelques-unes.

❸ Quel est le cadre géographique du premier récit raconté par cet homme ?

❹ Pourquoi ce lieu lui apparaît-il si étrange ?

❺ Qu'advient-il de l'ami du narrateur après que l'un des Arabes a dit « La mort est sur nous » ?

❻ Où le second récit du narrateur se situe-t-il ?

❼ Vers quel endroit le narrateur et le paysan se dirigeaient-ils ?

❽ Quel événement terrible est arrivé à la famille que ces personnages s'apprêtaient à rencontrer ?

❾ Quelle première impression le narrateur a-t-il eue de ses hôtes ?

❿ Les hommes et les femmes de la maison se tiennent-ils de la même manière ? Expliquez-en les raisons.

⓫ Dans le second récit du narrateur, en quoi le temps qu'il fait est-il relié aux émotions des personnages ?

⑫ « Le voilà le voilà ! Je l'entends ! » De qui le vieux parle-t-il ?

⑬ Quel effet la réaction du chien a-t-elle sur les personnages du récit ?

⑭ Qui est victime de la peur dans l'ensemble du conte de Maupassant ?

⑮ Quels sont les éléments surnaturels de ce conte ?

L'étude
des œuvres

Quelques notions de base

En préliminaire : description du genre

La nouvelle

La nouvelle est née en Italie au XIVe siècle. Son appellation vient du latin *novella* : renseignement sur une chose arrivée depuis peu, dans un récit bref et concentré. Cette forme de fiction se répand en France et devient très populaire à la Renaissance. La nouvelle vise généralement la vraisemblance alors que le conte se nourrit de merveilleux.

Comme son nom l'indique, la nouvelle s'attache à raconter ce qui est nouveau. Elle met donc en scène des événements et des personnages contemporains. Mais, en fait, le terme peut être utilisé pour tout récit qui a les caractéristiques d'un roman, mais en peu de pages. Les récits normands et parisiens de Maupassant représentent l'essence même de ce que doit être une nouvelle au sens classique du terme : ils se concentrent sur un seul événement, présentent moins de personnages qu'un roman et se terminent par une « chute* » qui clôt l'histoire en quelques phrases sur un élément inattendu. L'intérêt pour ce type de récit s'explique par le fait que la lecture peut en être faite d'un trait tout en frappant l'imaginaire de façon fulgurante. Voilà la qualité essentielle d'une nouvelle : après l'avoir lue, le lecteur conserve un souvenir précis et singulier du récit. Pour la nouvelle réaliste, l'impression d'une ambiance concrète, d'un lieu réel, d'une personnalité particulièrement vraie se gravera dans la mémoire du lecteur. Le tableau qui suit présente de façon synthétique les caractéristiques de la nouvelle de conception réaliste.

*: *Cf.* Glossaire

Tableau des principales composantes et caractéristiques de la nouvelle

La nouvelle de conception réaliste au XIXe siècle	Ce qui différencie le roman de la nouvelle tient à peu de choses : le roman est généralement plus long que la nouvelle, qui, elle, est brève et concentrée. Par ailleurs, la nouvelle tend à se distinguer du conte par son ancrage dans la réalité.

Composantes principales	Caractéristiques
Histoire Ce qui est raconté dans un récit par l'intermédiaire de personnages et d'événements fictifs (conçus par l'imagination).	**Personnages** Les personnages font avancer le récit. Peu nombreux, ils sont décrits pour représenter les caractéristiques de leur classe sociale. **Action** Ils participent à une intrigue rudimentaire, soit une suite d'événements fictifs qui transforment le héros et sa relation avec les autres personnages. Dans les nouvelles réalistes, les événements s'enchaînent généralement selon une disposition chronologique et logique. Atmosphère, paysages et décor sont rapidement dépeints, souvent au début du récit.
Narration (ou gestion du récit) Choix des différents moyens (narrateur, focalisation, scène, sommaire, dialogue, etc.) pour raconter une histoire.	**Choix des voix narratives : qui raconte ?** Dans les nouvelles réalistes, le narrateur n'est pas représenté et adopte un point de vue omniscient (focalisation zéro), ce qui signifie que la narration sera faite à la troisième personne. Effet visé : augmenter l'impression de vraisemblance, la réalité étant observée avec neutralité. **Rythme** Il est la plupart du temps rapide, et, pour renforcer la tension dramatique, les événements se déroulent en un court laps de temps et débouchent sur un retournement de situation décisif, qui en sera le dénouement, souvent très court.
Thématique Réseau d'idées illustrées par l'intermédiaire des personnages et de l'action.	Dans les nouvelles réalistes, l'orientation de la thématique est sociale : l'argent, le pouvoir, le savoir, la guerre ; l'amour est objet de négociations.

Tableau des principales composantes et caractéristiques de la nouvelle (suite)

Composantes principales	Caractéristiques
Style Marque de l'auteur sur son texte, aspects qui singularisent son écriture (procédés stylistiques, niveaux de langue, tonalités, etc.).	Langue accessible pour faciliter la compréhension du récit. Usage modéré de procédés stylistiques, illustrant souvent la dynamique sociale, dont plusieurs se rapportent à la nourriture : ceux qui mangent – ceux qui sont mangés (exploités). Niveau de langue soutenu, mais qui peut être familier dans les dialogues. Tonalité générale plutôt pessimiste, mise au service d'un regard critique et satirique sur l'époque.

Le conte

Dès le XVIIIe siècle, les bouleversements historiques et sociaux, mais aussi les progrès de la science ont ébranlé la foi de beaucoup de gens – que les dogmes de l'Église ne suffisaient pas à combler – et engendré un goût profond pour l'irrationnel. Après le roman noir (ou gothique*) anglais de la fin du siècle, qui accorde une place importante au macabre, au démoniaque et à l'horreur, la vague des contes fantastiques se développe vivement au XIXe siècle, sous l'impulsion des écrivains E. T. A. Hoffmann et Edgar Allan Poe. D'Amérique en Europe jusqu'à la Russie, les plus grands auteurs rivalisent d'imagination pour créer des contes fantastiques. En rapportant des phénomènes supranormaux, ce n'est pas tant une réaction d'horreur qu'ils cherchent à susciter chez le lecteur, mais bien son angoisse qu'ils tentent de juguler.

Chez Maupassant, le fantastique cherche davantage à provoquer de fortes émotions, comme l'anxiété et la terreur. Le tableau qui suit présente de façon synthétique les caractéristiques du conte fantastique que l'on trouve chez les auteurs du XIXe siècle.

* : *Cf.* Glossaire

Tableau des principales composantes et caractéristiques du récit fantastique

Le récit fantastique (conte, nouvelle ou roman)	Le récit fantastique est bref. Il se distingue de la nouvelle par l'intégration d'éléments issus du merveilleux ou du paranormal. Il ancre d'abord les péripéties dans la réalité, pour ensuite amener son héros à hésiter, voire à se penser fou devant des phénomènes qui dépassent les limites de l'« ordinaire ».

Composantes principales	Caractéristiques
Histoire Ce qui est raconté dans un récit par l'intermédiaire de personnages et d'événements fictifs (conçus par l'imagination).	**Personnages** Les personnages sont des êtres réels, campés dans un décor réaliste et plausible. L'insertion du « phénomène » fantastique fait basculer toutes les certitudes du ou des héros. **Action** Très souvent, le conte fantastique s'articule autour d'un seul personnage principal qui nous raconte l'histoire et dont les émotions vives nous sont décrites avec précision. Le récit part d'une situation initiale réaliste, mais les péripéties et les tourments vécus par les personnages sont déclenchés par un élément « irréel » déterminant.
Narration (ou gestion du récit) Choix des différents moyens (narrateur, focalisation, scène, sommaire, dialogue, etc.) pour raconter une histoire.	**Choix des voix narratives : qui raconte ?** Le narrateur est représenté et raconte l'histoire de son point de vue (focalisation interne). La narration est faite à la première personne du singulier. D'habitude, l'auteur intègre une situation initiale où le narrateur est en présence d'un auditoire (héritage de l'oralité propre au conte traditionnel) auquel il veut raconter une histoire. C'est ce récit qui nous est donné à lire. Effet visé : augmenter l'effet de vraisemblance du récit et mettre l'accent sur la peur et l'incrédulité ressenties par le narrateur. Le récit raconté fait partie d'un passé plus ou moins récent de la vie du narrateur et constitue un point tournant dans sa perception du monde. Il y a un « avant » et un « après » associés à cet épisode. **Rythme** Il est rapide, afin de favoriser la montée dramatique et d'intensifier, jusqu'à son paroxysme, le sentiment de frayeur du personnage.

Tableau des principales composantes et caractéristiques du récit fantastique (suite)

Composantes principales	Caractéristiques
Thématique Réseau d'idées illustrées par l'intermédiaire des personnages et de l'action.	Dans le récit fantastique, l'orientation des thèmes est psychologique, scientifique et souvent à connotation sexuelle : refoulement des fantasmes à une époque très morale, peur de l'inconnu et du paranormal, folie, communication avec les morts, fascination pour les sciences occultes, possessions diaboliques, interventions destructrices d'objets magiques, etc.
Style Marque de l'auteur sur son texte, aspects qui singularisent son écriture (procédés stylistiques, niveaux de langue, tonalités, etc.).	Usage abondant de procédés stylistiques visant à mettre l'accent sur la peur et l'incertitude ressenties par le narrateur (interjections, hyperboles*, métaphores*, etc.). Niveau de langue soutenu et recours fréquent au langage spécialisé associé à l'occultisme ou aux nouvelles pratiques thérapeutiques, telles que l'hypnose et la suggestion. Tonalités fantastique et dramatique mettant de l'avant les interrogations d'un narrateur inquiet devant les phénomènes étranges qu'il perçoit.

* : Cf. Glossaire

L'étude des récits par extraits

La Ficelle

Un Million

La Parure

Le Horla

La Peur

Étape préparatoire à l'analyse ou à la dissertation : compréhension du passage en tenant compte du contexte

❶ En vous référant au travail des paysans, relevez les observations qui confèrent au texte un caractère réaliste.

❷ Montrez que la description des personnages féminins ne vise aucune forme d'idéalisation de la femme.

❸ Analysez le début de cette nouvelle à l'aide des sous-questions qui suivent.

a) En combien de sous-parties divisez-vous cet extrait ?

b) Donnez un titre à chaque partie.

c) De quelle façon la description de la foule prépare-t-elle le lecteur à découvrir que la médisance et la cruauté font partie des traits des habitants de Goderville ?

❹ « Tout cela sentait l'étable, le lait et le fumier, le foin et la sueur, dégageait cette saveur aigre, affreuse, humaine et bestiale, particulière aux gens des champs » (l. 34 à 36). Relevez les passages de l'extrait étudié dans lesquels les paysans sont associés à leurs bêtes, et dites quel est, selon vous, l'effet visé par cette identification.

❺ Dans sa volonté de livrer une description vraisemblable du monde, Maupassant multiplie les observations sensorielles. Trouvez un extrait qui illustre chacun des cinq sens.

a) Vue.

b) Ouïe.

c) Odorat.

d) Goût.

e) Toucher.

❻ Dans un paragraphe bien articulé avec exemples et citations à l'appui, montrez que l'événement hebdomadaire qu'est le marché public révèle le caractère et la culture des paysans normands.

❼ Relevez les éléments qui traduisent l'aspect pathétique* du physique de maître Hauchecorne. En quoi cette description soutient-elle la cohérence du récit (en tenant compte de ce qui va arriver par la suite à ce personnage) ?

❽ Quel euphémisme* permet d'expliquer ce qui pousse maître Hauchecorne à ramasser la ficelle ? Pourquoi l'auteur a-t-il employé cette figure de style ?

❾ Montrez qu'au moment où maître Malandain aperçoit maître Hauchecorne, celui-ci se comporte comme s'il était coupable.

❿ Montrez que les noms donnés aux deux personnages masculins contribuent à la signification du récit.

.... **Vers la rédaction** ....

⓫ **Sujet de dissertation**: «Montrez que la peinture de la société faite ici par Maupassant est à la fois réaliste et ironique.»

a) Parmi les formulations suivantes, choisissez celle qui pourrait mieux convenir au «sujet amené».

a. La société française du XIXᵉ siècle est dépeinte avec vraisemblance par Maupassant dans *La ficelle*.

b. La description de la foule du marché dans *La ficelle* de Maupassant nous donne la mesure du talent de cet auteur, dont l'écriture, à la fois juste et mordante, permet de livrer un portrait singulièrement chargé de la société normande.

c. Les auteurs réalistes se sont employés à donner un portrait fidèle de Paris, mais aussi de la campagne, qui est particulièrement bien reproduite dans *La ficelle* de Maupassant.

*: *Cf.* Glossaire

d. Maupassant écrit de façon à nous faire voir une société où règne la mesquinerie et où les bassesses de toutes sortes sont monnaie courante.

e. Les luttes sociales de la France du XIXe siècle ont été reproduites avec brio par les auteurs réalistes, qui ont su donner la mesure des luttes politiques et du quotidien dans les différentes sphères sociales de la France. Maupassant est de ceux-là.

b) Parmi les suivants, lequel de ces énoncés vous semble le mieux reformuler le sujet d'analyse ?

a. La description du monde normand que livre Maupassant dans les premières pages de *La ficelle* est à la fois réaliste et cynique.

b. Ce que Maupassant écrit est authentique, mais cela n'empêche pas l'auteur de critiquer les gens de son époque.

c. *La ficelle* est le modèle parfait de la nouvelle qui tire parti de la reproduction fidèle d'un milieu social, en l'occurrence celui des paysans normands.

d. Maupassant n'hésite pas à faire un portrait médisant des petites gens de la campagne normande, afin de mettre en évidence la faiblesse de l'homme et sa difficulté à vivre en société.

c) Parmi les suivantes, choisissez les idées principales vous permettant d'articuler le développement du sujet.

a. La foule est comparée à un attroupement de bêtes.

b. La description des postures des gens est précise.

c. Les actions des paysans apparaissent vraisemblables.

d. Un vocabulaire dépréciatif permet de prendre toute la mesure du cynisme de l'auteur à l'égard des habitants de Goderville.

e. Les caractéristiques d'un jour du marché à Goderville sont décrites avec une précision quasi documentaire.

f. Maître Hauchecorne nous apparaît comme un personnage singulièrement représentatif des traits que Maupassant veut prêter à la classe paysanne.

d) Rédigez l'introduction en utilisant vos réponses précédentes de façon pertinente. Veillez à compléter le tout de telle sorte que les phrases soient bien reliées entre elles et que votre texte soit à la fois logique et cohérent.

Maupassant, Un million

❶ À quel propos Mme Bonnin en veut-elle à son mari au début de l'extrait ?

❷ Quel événement arrive à calmer le climat de « guerre » entre les époux ?

❸ La nouvelle est construite comme un compte à rebours. Expliquez quels en sont les enjeux en vous inspirant des éléments temporels et du sentiment d'urgence exprimé par les personnages.

❹ Que Léopold Bonnin suggère-t-il à propos de certaines femmes d'employés ? Que doit-on comprendre ?

❺ « Dans la vie, il faut savoir s'arranger pour n'être pas dupé par les circonstances » (l. 144 et 145). En quoi cette phrase annonce-t-elle déjà la conclusion du récit ?

❻ À la ligne 149, l'auteur parle du « terme fatal ». Pourquoi est-il possible de donner à cette expression une double signification ?

❼ Quelle grande nouvelle Mme Bonnin annonce-t-elle à son mari ? Comment ce dernier réagit-il ?

❽ Quelle est la signification symbolique du prénom donné à l'enfant ? En quoi ce prénom peut-il nous apparaître comme une marque d'ironie de la part de l'auteur ?

❾ Commentez la dernière phrase de la nouvelle. Que nous apprend-elle de la véritable nature de Mme Bonnin ?

❿ Expliquez en quoi ce texte pourrait illustrer la misogynie de Maupassant.

Vers la rédaction

⑪ **Sujet de dissertation :** « Chez Maupassant, l'amour est décrit de manière pessimiste. Montrez-le en analysant le comportement de monsieur et de madame Bonnin. »

Pour élaborer le développement, choisissez parmi les énoncés ci-après trois idées qui orienteront votre développement.

a) Les intérêts financiers sont placés au-dessus des intérêts du cœur chez les deux personnages.

b) Monsieur Bonnin admire et envie l'adresse des femmes de ses collègues à séduire le patron de leur mari pour obtenir de l'avancement.

c) Madame Bonnin ne cesse d'adresser à son mari des paroles d'insulte.

d) L'adultère est considéré par le couple comme un mal nécessaire.

e) Pour le couple, l'argent, la promotion sociale et le fait de paraître dans le monde sont des valeurs supérieures à l'amour.

⑫ Dans le passage à l'étude, analysez séparément l'attitude de madame Bonnin et celle de monsieur Bonnin. Bien qu'ils en arrivent à une même solution pour toucher le million tant convoité, en quoi sont-ils différents dans leur stratégie ?

⑬ Montrez que l'absence d'affection véritable et désintéressée entre l'homme et la femme est un signe que le mariage est perçu comme un contrat social utile plutôt que comme l'union de deux personnes amoureuses.

Maupassant, La parure

❶ De quel milieu social est issu le personnage principal de la nouvelle ?

❷ Pourquoi n'a-t-elle pas pu épouser un homme riche ?

❸ Commentez l'expression « malheureuse comme une déclassée » (l. 7 et 8). En quoi cette fille, qui est pourtant bien pauvre, apparaît-elle « déclassée » ?

❹ Selon quel critère la société de l'époque classe-t-elle les femmes ? Où se situe le personnage principal dans cette hiérarchie ?

❺ Faites l'inventaire des choses laides et des êtres qui font souffrir le personnage féminin.

❻ Dressez la liste des objets et des individus qui la font rêver. Que peut-on déduire du contraste entre ses rêves et la réalité ?

❼ Le comportement à table est un indicateur de la classe sociale des convives. Prouvez-le.

❽ Quel effet l'héroïne souhaiterait-elle produire sur son entourage ?

❾ Croyant faire son bonheur, quelle surprise réserve son mari à l'héroïne ? Analysez sa réaction par rapport à cette surprise.

Vers la rédaction

❿ En quoi ce récit traduit-il la condition de la femme à l'époque de Maupassant ?

   a) Dans un tableau, dressez l'inventaire de ce qui dénote la misère du mode de vie féminin et de ce qui révèle l'importance accordée à la beauté, jugée indispensable à la femme pour se débrouiller dans le monde.

   b) Relevez les figures de style, s'il y a lieu.

Extrait, pages 57 et 58

c) Faites le plan du développement.

Adoptez la démarche suivante pour chacun des paragraphes.

a) Formulez en ouverture la phrase-clé qui présente l'idée principale du paragraphe.

b) Présentez deux ou trois idées secondaires.

c) Illustrez-les par des citations ou des exemples.

d) Terminez le paragraphe par une phrase de clôture ou une phrase de transition, au choix.

Vous pouvez vous inspirer des idées énumérées ci-après.

- Le décor de la maison laisse une impression de misère matérielle et d'enfermement, car la femme vit au quotidien dans un espace clos.

- Les gens qui entourent Mathilde contribuent à mettre en évidence la pauvreté et l'ennui de son mode de vie.

- Des termes permettent de créer un contraste entre la beauté de Mathilde et la laideur de son environnement.

- Le fait de posséder ou non une parure (un bijou) est associé au statut social de la femme.

- L'accumulation de tout ce qui déçoit Mathilde permet de mettre l'accent sur son désespoir en regard de sa vie terne et difficile.

- Il y a un écart entre l'éloge de la beauté raffinée de Mathilde et les objets qui lui appartiennent, comme il y a un écart entre les rêves de cette dernière et la réalité.

Prévoyez faire la révision en étapes successives :

a) une première révision qui concerne le sens ;

b) une deuxième révision d'ordre orthographique et grammaticale ;

c) et, si possible, une dernière révision qui part de la fin du texte pour remonter vers le début.

Questionnaire sur le conte de Maupassant, Le Horla

Lectures croisées

❶ Étudiez la situation d'énonciation*. En quoi favorise-t-elle la vraisemblance des propos du narrateur ?

❷ Décrivez le décor dans cet extrait. Quel en est l'élément le plus important pour la signification du récit ? Quelle fonction est attribuée au décor dans le récit ? En quoi participe-t-il à la tonalité fantastique ?

❸ Démontrez l'importance de la vue, notamment en dégageant son champ lexical*. Expliquez sa contribution à la tonalité fantastique du texte.

❹ Comment le narrateur croit-il débusquer la présence du Horla ?

❺ Relevez les éléments qui prouvent que le narrateur a voulu attirer le Horla dans un piège.

❻ En quels termes le Horla est-il décrit ? Quelle forme revêt-il finalement ?

❼ Quels éléments inspirent l'idée que le Horla pourrait être le double maléfique du narrateur ?

❽ Analysez les observations qui relèvent du sensoriel dans cet extrait. En quoi sont-elles essentielles à la signification du texte ?

❾ En observant notamment la ponctuation, expliquez l'importance que prend la variation syntaxique pour instaurer une tonalité fantastique.

❿ Relevez les oxymores*. Quel effet produisent-ils ? Pourquoi le recours à ce type de figure de style vous paraît-il particulièrement approprié pour conférer au récit une tonalité fantastique ?

*: Cf. Glossaire

⑪ Quels sont tant les termes utilisés que les réactions du narrateur suggérant que la terreur est en train de s'emparer de lui?

⑫ Prouvez que le choix des verbes marque la progression de la folie chez le narrateur.

.... **Vers la rédaction** ....

⑬ **Sujet de dissertation:** « Expliquez en quoi cet extrait du *Horla* de Maupassant illustre les caractéristiques de la tonalité fantastique (ou de la littérature fantastique si vous préférez). »

a) Parmi les formulations suivantes, choisissez celles qui pourraient le mieux convenir au «sujet amené» et identifiez celles qui ne conviennent pas.

a. La littérature fantastique a été largement pratiquée au XIXe siècle, par des écrivains (Maupassant, Gautier, Poe) qui ont su exploiter le sentiment de terreur qu'éprouve un héros qui doit affronter une réalité qui défie toute logique.

b. La littérature fantastique apparaît dans l'Antiquité avec les *Métamorphoses* d'Apulée. Elle ouvre la voie à une série d'auteurs qui pratiqueront cette forme de récit jusqu'à aujourd'hui.

c. Maupassant est connu pour ses nouvelles réalistes et ses contes fantastiques, parmi lesquels se trouve *Le Horla*, dans lequel il décrit les mésaventures d'un héros visité par un être invisible qui l'apeure et le rend fou.

d. Maupassant est né en 1850; il est considéré comme l'un des plus grands nouvellistes français du XIXe siècle.

e. Au XIXe siècle, les progrès de la science ont fortement ébranlé les croyances religieuses des Français; ils ont même suscité chez certains d'entre eux un attrait pour l'irrationnel, qui s'est exprimé chez plusieurs écrivains de cette époque par l'écriture de récits fantastiques.

b) Parmi les suivants, lequel de ces énoncés vous semble le mieux reformuler le sujet d'analyse?

a. Ce texte décrira comment le héros du *Horla* en vient à douter de sa propre raison au moment où il est aux prises avec un être inquiétant qui le visite chaque soir.

b. Hésitant entre la raison et la folie, le narrateur du *Horla* décrit un univers clos où toutes les certitudes sont mises à rude épreuve.

c. Dans *Le Horla*, Maupassant réussit à réunir avec brio plusieurs des éléments constitutifs du récit fantastique.

d. Cet extrait du récit fantastique *Le Horla* exploite tant le sentiment de frayeur que celui de fascination qui habitent le narrateur devant l'inconnu qui l'entoure.

e. Dans l'une des scènes du *Horla*, le narrateur en vient à faire douter le lecteur qu'il est encore en possession de toute sa raison lorsqu'il décrit l'apparition d'une créature invisible qu'il appelle le Horla.

c) Parmi les suivantes, choisissez les idées principales vous permettant d'articuler le développement du sujet.

a. Comme tout héros de récit fantastique, le personnage principal éprouve des émotions extrêmes.

b. Dans tout récit fantastique, le doute est un des éléments essentiels, comme c'est le cas dans *Le Horla*.

c. Les récits fantastiques se caractérisent notamment par la présence d'éléments paranormaux, observés par un narrateur qui fait appel à sa raison pour en percer le mystère.

d. Pour le narrateur, le Horla est dangereux.

e. Le style, par des moyens variés, traduit le caractère émotif propre à tout récit fantastique.

f. Les événements sont présentés de façon à nous faire croire qu'ils sont réellement arrivés au narrateur.

g. Le Horla est un personnage surnaturel qui contribue à instaurer dans le récit une atmosphère inquiétante.

d) Rédigez l'introduction en utilisant vos réponses précédentes de façon pertinente. Veillez à compléter le tout de telle sorte que les phrases soient bien reliées entre elles et que votre texte soit à la fois logique et cohérent.

Théophile Gautier, *La cafetière*

Auteur du *Roman de la momie* (1858) et poète reconnu, Théophile Gautier (1811-1872) passait en outre pour être l'un des maîtres incontestés du récit fantastique. Dans la nouvelle intitulée *La cafetière*, le narrateur est invité par des amis à passer quelques jours en Normandie. Après une journée d'un voyage harassant, il est conduit dans sa chambre. Resté seul en ce lieu inconnu, le jeune homme va vivre des événements bien étranges...

Rien n'était dérangé. La toilette couverte de boîtes à peignes, de houppes[1] à poudrer, paraissait avoir servi la veille. Deux ou trois robes de couleurs changeantes, un éventail semé de paillettes d'argent, jonchaient le parquet bien ciré et, à mon grand étonnement, une tabatière d'écaille ouverte sur la
5 cheminée était pleine de tabac encore frais.

Je ne remarquai ces choses qu'après que le domestique, déposant son bougeoir sur la table de nuit, m'eut souhaité un bon somme, et, je l'avoue, je commençai à trembler comme la feuille. Je me déshabillai promptement, je me couchai, et, pour en finir avec ces sottes frayeurs, je fermai bientôt les
10 yeux en me tournant du côté de la muraille.

Mais il me fut impossible de rester dans cette position : le lit s'agitait sous moi comme une vague, mes paupières se retiraient violemment en arrière. Force me fut de me retourner et de voir.

Le feu qui flambait jetait des reflets rougeâtres dans l'appartement, de sorte
15 qu'on pouvait sans peine distinguer les personnages de la tapisserie et les figures des portraits enfumés pendus à la muraille.

C'étaient les aïeux de notre hôte, des chevaliers bardés de fer[2], des conseillers en perruque, et de belles dames au visage fardé et aux cheveux poudrés à blanc, tenant une rose à la main.

---

1. **houppes :** touffes de brins de laine, de soie ou de cheveux.
2. **bardés de fer :** recouverts d'une armure.

20 Tout à coup le feu prit un étrange degré d'activité ; une lueur blafarde illumina la chambre, et je vis clairement que ce que j'avais pris pour de vaines peintures était la réalité ; car les prunelles de ces êtres encadrés remuaient, scintillaient d'une façon singulière ; leurs lèvres s'ouvraient et se fermaient comme des lèvres de gens qui parlent, mais je n'entendais rien que le tic-tac
25 de la pendule et le sifflement de la bise d'automne.

Une terreur insurmontable s'empara de moi, mes cheveux se hérissèrent sur mon front, mes dents s'entre-choquèrent à se briser, une sueur froide inonda tout mon corps.

La pendule sonna onze heures. Le vibrement du dernier coup retentit
30 longtemps, et, lorsqu'il fut éteint tout à fait...

Oh ! non, je n'ose pas dire ce qui arriva, personne ne me croirait, et l'on me prendrait pour un fou.

Les bougies s'allumèrent toutes seules ; le soufflet, sans qu'aucun être visible lui imprimât le mouvement, se prit à souffler le feu, en râlant comme un
35 vieillard asthmatique, pendant que les pincettes fourgonnaient[3] dans les tisons[4] et que la pelle relevait les cendres.

Ensuite une cafetière se jeta en bas d'une table où elle était posée, et se diri- gea, clopin-clopant, vers le foyer, où elle se plaça entre les tisons.

Quelques instants après, les fauteuils commencèrent à s'ébranler, et, agitant
40 leurs pieds tortillés d'une manière surprenante, vinrent se ranger autour de la cheminée.

Théophile Gautier, extrait de *La cafetière*, 1831.

Questionnaire sur le texte de Gautier, La cafetière

❶ Quels sont les éléments précis du décor qui contribuent à installer dans la chambre une atmosphère inquiétante ?

❷ Le feu apparaît comme un élément important dans cet extrait. En quoi contribue-t-il à la montée dramatique et à la mise en évidence du sentiment de peur chez le narrateur ?

3. **fourgonnaient :** remuaient la braise. 4. **tisons :** morceaux de bois en partie brulés.

❸ Quels éléments surnaturels se produisent dans *La cafetière* ? Comment ces phénomènes peuvent-ils s'expliquer autrement que par une dimension surnaturelle ?

❹ Dans le premier paragraphe, quelle est l'impression que produisent les objets de la chambre (la tabatière, entre autres) sur le narrateur ? Se sent-il chez lui ?

❺ Relevez la phrase qui annonce la peur chez le narrateur.

❻ L'insomnie du narrateur est associée à des sensations physiques précises. Relevez une comparaison* qui permet d'associer son absence de sommeil à la présence de phénomènes étranges.

❼ Que représente la tapisserie ? Pourquoi le narrateur la perçoit-il comme apeurante ?

❽ Relevez les sensations physiques de la peur énumérées par l'auteur.

Roch Carrier, *Le réveille-matin*

Poète, romancier, dramaturge et nouvelliste né au Québec, Roch Carrier se démarque dans le paysage littéraire québécois par son écriture vivante et ses personnages qui reproduisent les accents populaires et l'originalité inhérente au parler québécois. Son humour parfois ironique côtoie des thèmes plus graves et accorde à son œuvre une profondeur remarquable, notamment quant aux thèmes de la guerre, de la réalité des Québécois des zones rurales, de la sexualité et de la cruauté des hommes. La renommée de Roch Carrier est telle qu'une citation de sa célèbre nouvelle *Le chandail de hockey* est imprimée au dos du billet du 5 $ canadien.

Comme Maupassant, Roch Carrier crée des nouvelles à tendances réalistes, mais aussi d'autres qui répercutent les accents fantastiques que l'on trouve dans l'écriture du célèbre nouvelliste et conteur normand. C'est le cas du *Réveille-matin* (1964). Nous rappelant le caractère dominateur du Horla, le comportement inhabituel de l'objet déstabilise le personnage principal, qui ne peut expliquer ce phénomène insolite.

*: *Cf.* Glossaire

Aurais-je pu croire qu'acheter un réveille-matin transformerait ma vie, jusque-là paisible, en un douloureux cauchemar ?

Les premiers jours : rien à signaler. Il accomplissait sa tâche avec exactitude. À l'heure fixée, il venait heurter de son petit marteau à la porte de mon
5   sommeil. J'aurais dû me méfier : la ponctualité des serviteurs leur est un moyen de subjuguer les maîtres. Je devais l'apprendre.

Je n'avais pas le lever prompt. La séparation d'avec la chaleur de mon lit m'était difficile. Cette lenteur expliquerait, je pense, pourquoi mon réveille-matin prit sur lui de sonner avant l'heure déterminée. Ce geste devint
10 une habitude désagréable ; je la supportai plus facilement que d'autres subséquentes.

Bientôt, il n'accepta plus que les lampes fussent allumées au-delà d'une certaine heure. Si ma femme et moi outrepassions sa volonté, le réveille-matin sonnait frénétiquement. De plus, il ne souffrait pas notre lecture au
15 lit : sans doute savait-il que nos livres nous mèneraient fort avant dans la nuit. Dès que ma main se tendait vers un volume, il sonnait à rendre l'âme.

Devais-je voir là des preuves de son attachement pour moi ? Aimait-il son maître au point de tenir à lui assurer d'excellentes nuits, et ainsi, préserver sa santé ? Était-ce une façon de m'aimer que de surveiller, le matin, mon
20 habillage et de sonner si par hasard ma cravate ou ma chemise ne lui plaisait pas ? M'était-il dévoué au point de souhaiter que je sois l'homme le mieux vêtu de la ville ? Je le crus un moment jusqu'à ce qu'il se passe dans ma maison quelque chose d'extraordinaire.

Nous étions au lit. Machinalement, mon bras s'allongea pour enserrer
25 l'épaule de ma femme. Le réveille-matin se lança dans une éclatante diatribe sonore. Je pressais le bouton d'arrêt, j'avançais, je reculais les aiguilles ; il sonnait, sonnait, sonnait, de plus en plus fort… Toutes les sonneries d'alarme de Londres réunies n'auraient pas fait un semblable vacarme. Je saisis le réveille-matin et le projetai par la fenêtre.

30 Était-il éternel, ce réveille-matin ? Son mécanisme était-il indestructible ? Loin de s'être tue, sa colère hurlait de plus en plus belle. Tout autour, les fenêtres s'allumaient et claquaient. Les protestations grondaient. Je me précipitai vers l'ascenseur. Entre mes mains, il fut secoué comme d'un rire, puis il se tut.

Quelques semaines plus tard, ma femme et moi célébrions un anniversaire
35 de mariage. Pour cet événement, et parce que j'aime ma femme presque autant que moi-même, je lui avais acheté un collier. Elle en était ravie. Ses mains tremblantes de joie le passèrent à son cou. Qu'entendis-je ? La voix du

réveille-matin irrité. Allait-il se taire ? Je le secouais, je le frappais contre la table, je tournais en tout sens ses aiguilles. Sa colère demeurait égale, aiguë :
40 une effroyable torture. Ma femme eut alors l'idée d'enlever son collier et de le passer au cou du réveille-matin. Il se tut.

Hélas ! la ruse géniale de ma femme s'avéra dans la suite avoir été une erreur. Elle avait donné à mon réveille-matin l'amour des cadeaux.

Je dus m'oublier, oublier ma femme et disperser mon salaire en petits
45 présents pour mon réveille-matin. Si je ne pliais pas à ce rituel de la bonne entente, je devais subir l'avalanche claironnante ; de même si le présent lui était d'intérêt moindre.

À ce rythme-là, il ne se passerait guère de jours avant que je ne dusse offrir à mon réveille-matin une voiture sport. J'avais d'ailleurs vendu la mienne
50 pour m'acheter une bicyclette.

L'heure vint où il la réclama. C'en était trop ! C'en était trop !

– Ma femme, ordonnais-je hors de moi, va me jeter cet infâme réveille-matin au fond du fleuve.

Elle n'est pas revenue.

© Roch Carrier, *Jolis deuils*, Les Éditions internationales Alain Stanké, coll. 10/10, 1982, 1999 et 2008.

Questionnaire sur le texte de Carrier, Le réveille-matin

❶ En quoi la formulation particulière de la première phrase nous informe-t-elle qu'un drame se prépare ?

❷ L'auteur écrit « la ponctualité des serviteurs leur est un moyen de subjuguer les maîtres ». Que nous dit cette phrase de la nature et des « intentions » du réveille-matin ?

❸ La nouvelle est très courte, mais Roch Carrier réussit tout de même à nous livrer quelques détails sur la vie de son personnage. Notez ce que vous avez appris sur lui.

❹ Si vous aviez à faire le portrait psychologique du réveille-matin, comment le décririez-vous ?

❺ Quel est le premier signe indiquant au personnage que le réveille-matin n'agit pas de façon normale ?

❻ Relatez de façon chronologique la suite des phénomènes étranges qui transforment le réveille-matin en objet maléfique.

❼ Comment le réveille-matin manifeste-t-il son mécontentement ? En quels termes et par quelle comparaison cela est-il rendu manifeste par l'auteur ?

❽ Comment réagissent les voisins du narrateur ?

❾ Par quel détail singulier peut-on déduire que le réveille-matin veut être traité comme un être aimé ?

❿ Qu'advient-il de la femme du narrateur à la fin du récit ?

.... **Vers la rédaction – Analyse croisée** ....

❶ À travers les trois textes, montrez que la chambre présente tous les attributs pour donner à ces textes la tonalité fantastique.

❷ Expliquez à travers les trois textes que le fantastique est lié de près à la peur de l'inconnu et au sentiment d'inquiétude à l'égard de la mort.

Lectures croisées

Maupassant, La peur

❶ Relevez les deux phrases qui vous permettent d'identifier la situation d'énonciation de ce passage. Qui parle? À qui? Où? Quand? De quoi? Pourquoi?

a) En quoi l'usage du style direct* apporte-t-il une dimension supplémentaire à la vraisemblance de l'histoire racontée? Relevez quelques termes propres à ce type de discours et montrez leur utilité.

b) Quelle est finalement l'explication rationnelle donnée au tambour?

c) En quel lieu cette histoire se situe-t-elle? Quels sont les éléments réalistes dans la description du décor?

d) Quelle est l'explication rationnelle de la mort de l'homme? Quels indices pouvaient laisser prévoir le décès?

e) Dressez la liste des éléments donnant l'impression que le personnage est fou et de ceux nous donnant plutôt à penser qu'il est très lucide.

f) Dans le paragraphe des lignes 62 à 75, étudiez les procédés qui favorisent la montée de l'angoisse (métaphore, métaphore filée*, comparaisons, répétitions, champs lexicaux, oxymores, apostrophes, etc.) et analysez les effets produits.

g) Qu'y a-t-il d'insolite dans l'expression «foudroyé par une insolation» (l. 90)? Comment se nomme cette figure de style*? Quel est l'effet produit?

h) En quoi le «tambour» contribue-t-il au registre fantastique?

i) À partir de la ligne 104, l'explication du phénomène du tambour satisfait-elle le narrateur?

* : Cf. Glossaire

❷ Montrez que l'environnement hostile et l'inquiétant «tambour» sont les deux éléments-clés de la tonalité fantastique de cet extrait.

a) Dressez un tableau des éléments de la nature qui apparaissent insolites et inquiétants pour le narrateur.

b) Relevez les figures de style associées à ce décor étranger et leurs effets.

c) Relevez les figures de style associées au «tambour» et leurs effets.

d) Faites le plan du développement.

Adoptez la démarche suivante pour chacun des paragraphes.

a) Formulez en ouverture la phrase-clé qui présente l'idée principale du paragraphe.

b) Présentez deux ou trois idées secondaires.

c) Illustrez-les par des citations et des exemples.

d) Terminez le paragraphe par une phrase de transition ou une phrase de clôture, au choix.

Vous pouvez vous inspirer des idées énumérées ci-après.

• Le fantastique se trouve dans les éléments qui échappent à la compréhension du narrateur ou qui lui apparaissent hors du commun.

• Le décor du récit participe à l'étrangeté de la scène, d'autant plus que, loin de chez lui, le narrateur est placé devant l'inconnu.

• Par les termes qu'il utilise, le narrateur tend à décrire le grand effet qu'a produit sur lui cette «terre d'Afrique».

• La description du bruit du «tambour» se teinte du sentiment de peur, émotion caractéristique du registre fantastique.

• La réaction des Arabes et les paroles qu'ils prononcent semblent avoir un effet sur le sort qui est réservé à l'ami du narrateur.

- Une concordance d'événements étranges permet de démontrer le caractère fantastique de la scène.

Prévoyez de faire la révision en étapes successives :

a) une première révision qui concerne le sens ;

b) une deuxième révision d'ordre orthographique et grammatical ;

c) et, si possible, une dernière révision qui part de la fin du texte pour remonter vers le début.

L'étude des œuvres dans une démarche plus globale

La démarche proposée ici peut précéder ou suivre l'analyse par extrait. Elle apporte une connaissance plus synthétique des œuvres, et met l'accent sur la compréhension des récits en entier. Les deux démarches peuvent être exclusives ou complémentaires.

Pour chaque nouvelle, adoptez une démarche qui tienne compte des composantes d'un bref récit, soit :

a) l'intrigue ;

b) les personnages ;

c) la thématique ;

d) l'organisation, le style et la tonalité du récit.

Intrigue

❶ Faites le résumé de chaque récit à l'aide des questions qui suivent.

a) **Qui ?** Quels sont les personnages en présence ?

b) **Quoi ?** Qu'apprend-on sur eux ? Que font-ils ? Quel est l'état de leurs relations ?

c) **Quand ? Et où ?** Quelle est la situation exposée et dans quel contexte ? Quels sont le temps et le lieu ?

d) **Comment ?** Quelles relations s'établissent entre les personnages ? Quels événements vivent-ils ?

e) **Pourquoi ?** Quel est l'objet de leur quête ? Quels moyens prennent-ils pour arriver à leurs fins ?

Personnages

Les personnages principaux

❶ Au fil de chacun des récits, comment sont présentés les personnages principaux ? Quel portrait peut-on faire d'eux ?

Quelle est l'information fournie implicitement ou explicitement à propos de leur :

   a) aspect physique ;

   b) aspect psychologique ;

   c) aspect social (milieu et classe sociale, profession) ;

   d) aspect idéologique (valeurs et croyances).

❷ Observez leur comportement dans chaque récit, à l'aide des questions qui suivent.

   a) Que pensent-ils ?

   b) Que disent-ils ?

   c) Comment évoluent-ils ?

Les personnages secondaires

❶ Quels sont les personnages secondaires dans chaque récit ?

❷ Quelles sont leurs relations avec les personnages principaux ?

Thématique

❶ Dégagez les réseaux thématiques (ou le thème) qui prédominent dans chaque récit en justifiant vos réponses.

Organisation du récit, style et tonalité

❶ Quel est le déroulement du récit ?

❷ Quel est le mode de narration adopté ?

❸ S'agit-il, dans tous les cas, d'une focalisation zéro (focalisation variable, aussi appelée omnisciente) ?

Sujets d'analyse et de dissertation

Plusieurs pistes d'analyse portant sur les nouvelles sont maintenant accessibles, et certaines plus faciles à emprunter que d'autres.

❶ **Dégagez les caractéristiques que partagent les personnages de Maupassant.**

Introduction

Sujet amené : puisez une idée dans la biographie de Maupassant.

Sujet posé : reformulez le sujet en précisant de quels personnages vous désirez parler, les particularités qui les unissent et en présentant le titre des nouvelles choisies.

Sujet divisé : prévoyez un court résumé et annoncez les idées directrices des trois paragraphes du développement.

Développement

- Dans le premier paragraphe, traitez d'un premier aspect de ce trait commun que partagent les personnages.
- Dans le deuxième paragraphe, traitez d'un second aspect de ce trait commun que partagent les personnages.
- Dans le troisième paragraphe, traitez d'un troisième aspect de ce trait commun que partagent les personnages.

Conclusion

- Idée synthèse : voyez à maintenir l'intérêt du lecteur.
- Idée d'ouverture : allez chercher une idée en lien avec le sujet dans la description de l'époque.

❷ **Analysez comment la misogynie de Maupassant (et de son époque) oriente sa façon de décrire tant les personnages féminins que masculins.**

Voici quelques sous-questions pour vous aider à dégager les idées directrices.

a) Quelles qualités de la femme sont mises de l'avant par l'auteur ? Quels défauts apparaissent plus d'une fois dans ses récits ?

b) Comment les hommes se comportent-ils à l'égard des femmes ? Les voient-ils comme des égales ?

c) Quel rôle joue la femme dans la société de son temps ? Quel est le rôle de l'homme ?

d) Dans les récits de Maupassant, par quels moyens la femme peut-elle réussir ? Qu'est-ce que cela nous apprend sur la vision que les gens de l'époque avaient de la femme ?

e) Quels sont les métiers pratiqués par la femme ? Quelles responsabilités lui sont confiées ?

f) Que peut faire une femme pauvre pour se sortir de la misère ? Que peut faire un homme pauvre dans les mêmes circonstances ?

❸ **Montrez que l'argent est le thème déterminant dans une nouvelle (p. ex., *Un million*) ou dans plusieurs d'entre elles.**

❹ **Analysez le thème de l'adultère dans *Un million* et *Les bijoux*.**

❺ **Comparez la représentation de la vie paysanne et de la vie parisienne dans deux des nouvelles réalistes de Maupassant.**

❻ **Comparez la représentation sociale des personnages principaux d'*Un million* et des *Bijoux*.**

❼ **Démontrez que *La parure* et *Les bijoux* illustrent l'importance de bien paraître dans une société dominée par la bourgeoisie.**

❽ **Dans une ou plusieurs nouvelles, analysez la représentation de la beauté et ses liens avec l'origine sociale des individus.**

❾ Comparez le goût du luxe de Mme Bonnin (*Un million*), de Mme Lantin (*Les bijoux*) et de Mathilde (*La parure*).

❿ Montrez que dans *La ficelle* Maupassant associe à la tonalité tragique l'idée de fatalité.

⓫ En vous appuyant notamment sur la description des personnages, démontrez que la neutralité du point de vue narratif est un leurre dans les récits à tonalité réaliste (p. ex., la description des paysans de Goderville).

⓬ Analysez les liens entre raison et folie dans les textes réalistes comme *La ficelle*, et dans les textes fantastiques comme *Le Horla*.

⓭ Montrez que certains récits de Maupassant illustrent bien les caractéristiques du courant littéraire réaliste.

⓮ Montrez que certains récits de Maupassant illustrent bien les caractéristiques de la tonalité fantastique en littérature.

⓯ Analysez le pessimisme ironique de certains récits, notamment de *La ficelle*.

⓰ Montrez en quoi le milieu des paysans est tout aussi cruel que la société des employés de Paris dans *La ficelle* et *Un million*.

⓱ Montrez qu'en décrivant les paysans, Maupassant adopte un point de vue caricatural.

⓲ Analysez l'emploi que fait Maupassant de la narration subjective dans *Le Horla* ou un autre de ses récits fantastiques.

⓳ Décrivez comment la peur est mise en scène dans deux des trois contes fantastiques (*Le Horla*, *La main d'écorché* ou *La peur*).

⓴ Analysez la représentation du surnaturel dans les récits fantastiques de Maupassant, notamment dans *Le Horla*, *La main d'écorché* et *La peur*.

㉑ Explorez le thème de la folie dans *Le Horla*.

㉒ Mettez en évidence l'opposition entre le raisonnable et l'irraisonnable dans *Le Horla*.

㉓ Dans *La main d'écorché* et *La peur*, analysez les corrélations entre la superstition populaire, la religion et le surnaturel.

㉔ Dans *La main d'écorché*, montrez comment l'insouciance de celui qui garde la main l'a mené à sa propre perte.

㉕ Dans les deux récits que présente le narrateur de *La peur*, analysez l'importance qu'y prennent les sons et les bruits.

㉖ Démontrez que les relations du couple ou entre les classes sociales dans les récits de Maupassant sont marquées par l'attrait du pouvoir.

㉗ Dans ce contexte du XIXᵉ siècle, où la superstition et la science se côtoient, montrez que les récits fantastiques illustrent en quelque sorte la quête de la raison.

㉘ Toute littérature donne accès à une connaissance du monde. Démontrez que c'est aussi le cas pour les récits de Maupassant.

㉙ «Mais sait-on quels sont les sages et quels sont les fous, dans cette vie où la raison devrait souvent s'appeler sottise et la folie s'appeler génie?» (*La peur*). Prouvez que sagesse et folie ne sont jamais très loin l'une de l'autre en fondant votre analyse sur deux contes fantastiques.

Glossaire

Pour étudier la nouvelle et le conte : lexique de base et autres termes

Aristocratie : classe noble.

Bourgeoisie : classe sociale constituée de notables et de riches industriels, et de tous ceux qui possèdent des capitaux pour investir et s'enrichir.

Champ lexical : ensemble de mots ou d'expressions de diverses natures (noms, adjectifs, verbes, etc.) regroupés autour d'un thème précis.

Chute (dans un récit) : dénouement d'un récit. La chute du conte ou de la nouvelle mène souvent à une conclusion inattendue.

Cohérence narrative : logique interne du texte de fiction qui s'élabore sur le schéma narratif (situation initiale, élément déclencheur, péripétie, élément de résolution, dénouement).

Comparaison : image associant un comparé à un comparant à l'aide d'un outil comparatif (*La peur* : « Les grandes dunes [...] comme des montagnes »).

Énonciation : contexte de production du message par un individu.

Euphémisme : figure de style qui consiste à adoucir une expression jugée déplaisante.

Fantastique : forme de littérature qui regroupe des œuvres où des éléments surnaturels apparaissent dans le réel.

Figures de style : manière de s'exprimer, modification expressive du langage.

Flaubert : écrivain français (1821-1880) qui a marqué le courant réaliste par la profondeur de ses analyses psychologiques : *Madame Bovary, Salammbô, L'éducation sentimentale, Trois contes.*

Focalisation : choix de la perspective avec laquelle l'action sera décrite. Soit le lecteur a accès uniquement à ce qui est vu de l'extérieur par le narrateur (focalisation externe), soit il a accès aux pensées d'un seul personnage (focalisation interne), soit il connaît tout, entend tout et sait tout ce que pensent les personnages par l'intermédiaire d'un narrateur omniscient (focalisation zéro).

Fonctionnaire : personne qui remplit une fonction dans le cadre d'une administration publique.

Hyperbole : figure de l'exagération qui décrit la réalité en employant des termes excessifs.

Impressionnisme : mouvement pictural né vers 1860, cherchant à rendre des impressions fugitives, à saisir le moment et la lumière dans la nature ou chez les personnages (Manet, Monet, Renoir). L'impressionnisme s'oppose à l'académisme, qui représentait un monde stable, figé, parfait. Il annonce l'art moderne et influence les artistes visuels, les écrivains et les musiciens.

Incipit : début d'un texte, généralement les premières lignes d'un roman ou d'une nouvelle.

Ironie : procédé consistant à faire entendre le contraire de ce que l'on pense dans le but de railler une personne, une idée.

Métaphore : figure de style par laquelle on désigne un objet, une personne, une idée par une autre, ceux-ci étant liés par un rapport d'analogie (ressemblance) ; il s'agit d'une comparaison sans outil de comparaison (dans *La peur*, les « vagues immobiles en poussière jaune » représentent les dunes de sable).

Métaphore filée : qui se développe sur plusieurs lignes.

Monarchie : régime politique dans lequel le chef de l'État est un roi, dont le pouvoir est transmis de façon héréditaire.

Narrateur : celui qui raconte l'histoire. Il peut être un personnage (narrateur interne) ou un être à l'extérieur du récit qui raconte l'histoire à la troisième personne (narrateur externe).

Narration : ensemble des moyens utilisés par un auteur pour raconter une histoire.

Oxymore : alliance de termes contradictoires créant un effet de surprise (*La peur* : « vagues immobiles »).

Pathétique : qui vise à émouvoir, à susciter une émotion intense, souvent pénible.

Paysannerie : ensemble des paysans.

Positivisme : système philosophique d'Auguste Comte fondé sur l'expérience scientifique et la connaissance des faits, niant ainsi l'existence de Dieu.

Prolétariat : classe sociale de ceux qui ne possèdent pour vivre que les revenus de leur travail, qui exercent un métier manuel ou mécanique, qui ont un niveau de vie relativement plus bas que celui des capitalistes ou des bourgeois.

Réalisme : courant artistique et littéraire de la seconde moitié du XIXe siècle, en réaction contre l'idéalisme romantique, qui cherche à représenter le monde contemporain sans détours, à reproduire une réalité ordinaire sans l'embellir.

Récit enchâssé : seconde intrigue insérée dans l'histoire principale.

République : système politique où la gouvernance de l'État n'appartient pas à des autorités religieuses ni à la noblesse, mais au peuple. C'est le peuple qui choisit ses représentants pour gouverner l'État.

Révolution française : de 1789 à 1799, ensemble des mouvements qui mettent fin, en France, à l'Ancien Régime.

Révolution industrielle : désigne le processus historique du XIXe siècle, qui se caractérise par le passage d'une société à dominante agraire et artisanale à une société commerciale et industrielle, dont l'idéologie est technicienne et rationaliste.

Roman gothique : genre littéraire né en Angleterre à la fin du XVIIIe siècle et au début du XIXe, centré sur la sentimentalité et le macabre, précurseur de la littérature fantastique et qui s'éteint avec l'émergence de ce courant.

Romantisme : courant artistique et littéraire du début du XIXe siècle, qui s'est développé en Europe, en réaction contre le classicisme. Opposé au rationalisme des philosophes du XVIIIe siècle, il valorise la subjectivité et l'exacerbation des émotions tout autant que la fuite dans le rêve. C'est aussi un des premiers mouvements littéraires d'importance au Québec.

Second Empire (1852-1870) : époque de l'histoire française pendant laquelle Napoléon III devint empereur des Français. La défaite française lors de la guerre franco-prussienne entraîne son effondrement.

Spatio-temporel (cadre) : dans un récit, indication de lieu et de temps.

Style direct : procédé servant à rapporter les paroles des personnages dans un récit. Ces paroles sont restituées telles qu'elles ont été prononcées, citées entre guillemets ou précédées d'un tiret dans le cas d'un dialogue.

Symbolisme : mouvement esthétique de la fin du XIXe siècle, qui s'inscrit contre le matérialisme et le naturalisme. Les adeptes de ce courant fondent leur art sur une vision symbolique et spirituelle du monde, devant se traduire par des correspondances sensorielles.

Vraisemblance : qualité de ce qui semble vrai pour la raison du spectateur, même quand cela ne l'est pas réellement, en donnant aux faits une apparence de vérité.

Bibliographie et site Internet

Sur Maupassant et son œuvre

– Nadine Satiat, *Maupassant,* Flammarion, 2003.
– Henri Troyat, *Maupassant*, Flammarion, 1989.
– Frédéric Turiel, *Maupassant: biographie, étude de l'œuvre,* coll. «Studio Thème», Vuibert, 1999.

Sur le genre de la nouvelle

– Thierry Ozwald, *La nouvelle*, Hachette, 1996.
– Pierre-Louis Rey, *Le roman et la nouvelle*, Hatier, 2002.

Sur le réalisme, le naturalisme et le fantastique

– Christophe Carlier, *Le roman naturaliste: Zola, Maupassant,* coll. «Profil d'une œuvre», Hatier, 1999.
– Alain Pagès, *Le naturalisme*, PUF, 2002.
– Jean-Luc Steinmetz, *La littérature fantastique*, coll. «Que sais-je?», n° 907, PUF, 1997.
– Louis Vax, *Les chefs-d'œuvre de la littérature fantastique*, PUF, 1979.

Site Internet

– Site Internet de l'Association des amis de Maupassant: www.maupassant.free.fr

Dans la même collection

Tristan et Iseut

BALZAC
La Peau de chagrin

BAUDELAIRE
Les Fleurs du mal

CAMUS
L'Étranger

CORNEILLE
Le Cid

GAUTIER
Contes fantastiques

HUGO
Les Misérables

MARIVAUX
Le Jeu de l'amour et du hasard

MOLIÈRE
Dom Juan
Les Femmes savantes
Le Misanthrope

MUSSET
On ne badine pas avec l'amour

RACINE
Phèdre

VIAN
L'Écume des jours

VOLTAIRE
Candide
Zadig
L'Ingénu

ZOLA et MAUPASSANT
Nouvelles réalistes